JN187600

インド、大国化への道。

INDIA: The Road to Great Power

日本の未来を決めるのは、インド

森尻純夫

Sumio Morijiri

而立書房

ブックデザイン　中　新

中国
パキスタン
ヒマーチャル・プラデーシュ
パンジャーブ
ウッタラーカンド
ハリヤーナー
ニューデリー
ネパール
シッキム
ブータン
ラージャスターン
ウッタル・プラデーシュ
ビハール
バングラディシュ
ジャールカンド
グジャラート
マディヤ・プラデーシュ
西ベンガル
コルカタ
チャッティースガル
オリッサ
マハーラーシュトラ
ムンバイ
テランガーナ
アーンドラ・プラデーシュ
ゴア
ベンガル湾
カルナータカ
チェンナイ
マンガロール
バンガロール
アラビア海
タミル・ナードゥ
ケーララ
スリランカ

インド地図

目次

1章 カーストとはなんなのか

2章 新首相ナレンドラ・モディ

3章 農政学から民俗へ　日本とインドの共通点

4章 二〇一六年、未来へ発進する日本とインド

1章

カーストとはなんなのか

インド、といえば、カーストと即反応されます。

カーストは、インドの暗さ、陰湿さ、貧富の格差、差別、あらゆるマイナーなイメージを背負っています。

日本人にとって、カーストがインドを遠くて分かりにくい国にしています。それで、近づくのを控えます。

その一方で、仏教をはじめとする古来の文化がやってきた国として、中国とは違った憧れと畏れに似た崇敬の念も抱いています。日本人のインド観はとても複雑です。天竺と新興国インドが混淆して日本人の心情を襲っています。インド人にとっても、こういう複雑な日本人の気持ちは理解不能です。

インドでなにかが起こると、すべてはカーストの所為にします。そして、なんとなく結論が出たように納得するのです。それは西欧人や日本人ばかりではないようです。当事者であるインド人でさえ、その「結論」に対して、声高には異議を唱えません。

カーストは、「超古代の歴史の彼方からやってきた、測り知れない深淵な思想、哲学なのだ」と納得して、棚上げしておこうという傾向があるのです。

しかしカーストは、近代から現代のインドの政治や社会に大きくかかわっています。経済、外交や近代戦争に大きくかかわり、インド人の誰にも重くのしかかっています。それは、一種の社会的気分なのではないかとおもえます。

インド近代史では、カーストは実に巧妙に利用されてきました。イギリスは、植民地支配の権力を確立するのにカーストを巧みに活用しました。それが、イギリス自身の足を引っ張ることにもなったのですが、インド人にも深い精神的外傷（トラウマ）を植え付けたのです。それは、社会を覆った幻想、とも言えます。一九世紀末期から二〇世紀初頭に、もっとも激しくインド人を襲ったのです。そんなに昔のことではなく、しかも、インド社会を上層と下層に分断した所業でもあったのです。

でも、もみほぐして解きほどいてみると、それほど難しいものではありません。

この章では、その「もみほぐし」に挑んでみたいとおもいます。

1　カースト、その成り立ちの歴史

インド亜大陸には、本来、十数種の人種が混在しているといわれています。

原住民ともいうべきドラヴィダ族。おなじように原住していたモンゴロイドは、日本人の仲間です。そして古代に西方から移住してきた南アーリア族。以上が主要な三人種です。アーリア族の移住は、紀元前一五〇〇年頃にはすでに定着していた、といわれています。もちろん、アーリア人は、その以前も以後も波状的に移住してきています。

彼らは、現在のパキスタン東北部、ペルシャ、アフガニスタンのインダス文明の地、インダス河流域から亜大陸北部のガンジス河流域に渡ってきたのです。彼らはバラモン教という宗教を携えていました。未分化な自然崇拝の色彩を濃く帯びた信仰だったといわれています。バラモンと呼ばれる司祭が教義を組織していました。バラモン教は、それほどの時間を経ずに北部インド亜大陸の自然環境と生活様式（農耕）に溶け込むために、地域性を生かしたヒンドゥ教に変容していきます。

数千年のインド亜大陸ガンジス文明は、滔々（とうとう）と大河のように歴史に横たわっていたなどというのは大間違いで、現実には、それぞれの時代毎に、人びとの忙しい営みがあったのです。

インダスからガンジス河を伝って浸潤してきたアーリアは、バラモン教をヒンドゥ教に書き換えていきます。すでに述べた紀元前一五〇〇年から一三〇〇年頃には、一般に『リグ・ヴェーダ』と呼ぶ教典が成立していたと伝えられています。

これらの三人種は混交し、あるいはそれぞれが亜種を形成して一五〇〇以上の語族に分化していきます。混交し亜種を形成した時代は、柔軟でのびやかな社会を想像することができます。ところが、分化され、その細分化された共同体を維持しようという意欲に目覚めてくると、社会は硬直し、きわめて窮屈なものになってきました。

まずアーリアの浸潤によって、モンゴル系やドラヴィダ族は南北の遠隔地域に追いやられました。インド亜大陸の中央部に位置するデカン高原地帯とその以南に、ドラヴィダ族が集約されました。モンゴル系は、現在のネパールや東北部山岳地帯に活路を見出すことになったのです。

さらに、バラモンからヒンドゥ教への変貌のもとで、四姓区分が唱えられました。人間の存在（種姓）を四つの役割に区分け、その実在を規定したのです。サンスクリット語で「ヴァルナ」と呼称するこれこそが、カーストなのです。

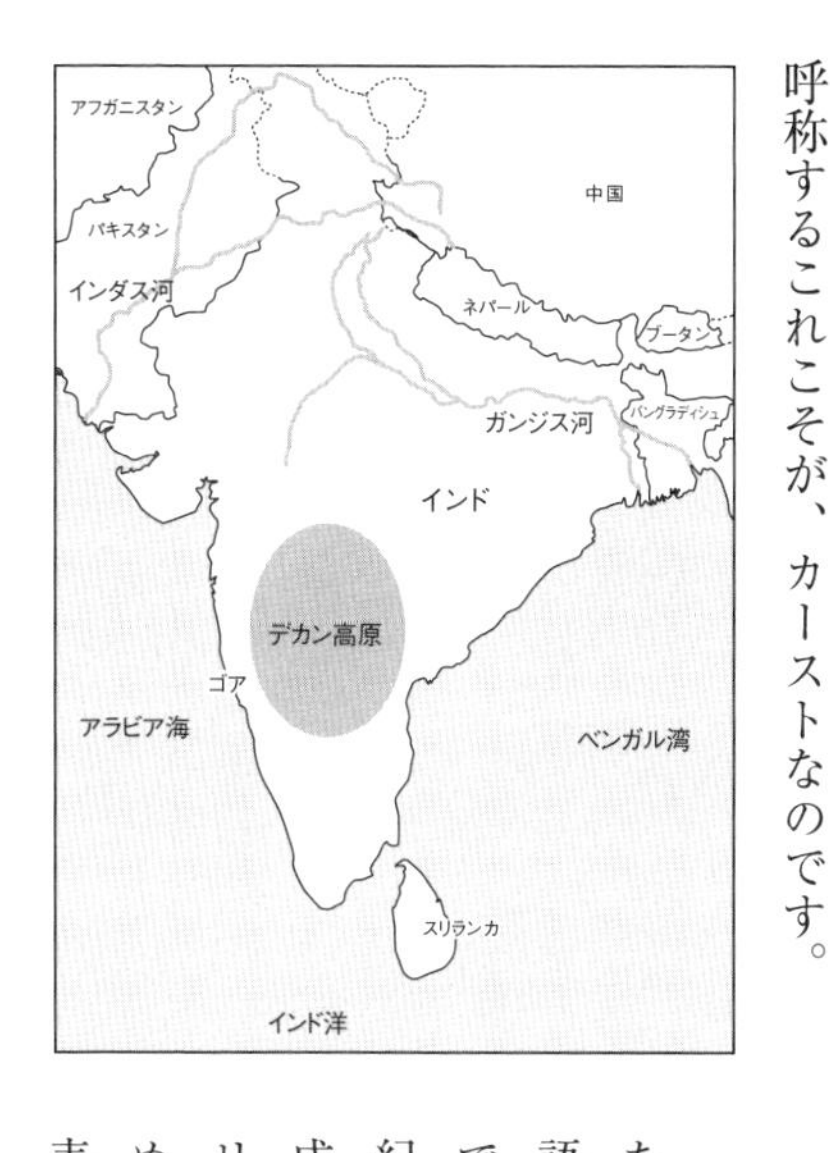

カースト、という語彙は、インド人のものではありません。カーストという言葉は、ポルトガル語の血統、血筋をいう「カスタ」からきているのです。カーストという呼称が定着したのは一六世紀、南インドのアラビア海沿岸にポルトガル領が成立する（一五一〇年）頃なのです。時代は、キリスト教が伝来し、やがてインドの植民地化が進められていくとともにヴァルナはカーストという表現に覆われてしまったのです。

種姓（ヴァルナ） Varna（四姓制度）と職能（ジャティ） Jathi

① 種姓（ヴァルナ）（四姓制度）

インド・アーリア人が、ヒンドゥ教義を充実し社会的支配の構造を築くために用いた「人間実在」の区分として、ヴァルナと称する四つの姓（しょう・かばね）に階層化したのです。日本の古代でいえば、氏姓（うじかばね）にもっとも近いものです。

古代日本の氏姓は、天武天皇の治世下、帰属した地方豪族を、臣（おみ）、連（むらじ）、造（みやつこ）など三〇以上の階層に制度化しました。それまでは、地域豪族に氏人たちが付与した尊称にすぎないものでした。この氏姓制度も歴史のなかに埋没して機能性を失い消滅しました。

日本とインドの違うところは、ヴァルナが人間存在の社会的役割を規定していたことです。

超古代に発せられた種姓の本来的なありようを整理してみました。

(1) ブラフマナ（バラモン・英語化されてブラーミン）

最上階とされ、寺院を主宰、あるいは帰属している僧侶。儀礼や多分に政治的だった祭礼の司祭をおこないました。寺は、通常、荘園を組織し、強固な経済基盤を所有していました。

ヴァルナには、人間の等身大に擬（なぞら）えて喩（たと）えるいい方があり、ブラフマナ（ブラーミン）は、口、目、そして頭脳とされています。

(2) クシャトリア

地方豪族、王族、貴族であり武家。紀元後になると藩王国を支える武力を備えた組織力を持ち、建国神話マハーバーラタやラーマヤナで活躍した種姓でした。

クシャトリアは、両腕に喩えられ、腕力、武力を表徴しています。

(3) ヴァイシャ

いわゆる「平民」です。商業や製造業など、経済、社会を下支えする人びとを称しました。もっとも広範で、もっとも闊達（かったつ）に亜大陸を生きてきた種、人びとといえます。

ヴァイシャは、脚、腿に喩えられ、下半身と理解されています。行動力と生産力を担う存在です。

(4) シュードラ

奴隷的な存在として認識されることもあるのですが、実は、アーリア人が浸潤してくる以前から亜大陸にいた先住民族を最下層化したともいわれています。彼らは、民俗的な自然崇拝、母神など、緩やかで、しかし緻密で敬虔な信仰心を養っていました。非常に高度なアニミズム（自然崇拝）でした。しかし、ヒンドゥにとっては異教徒でした。やがては、その多くの要素がヒンドゥ教義に習合されますが、与えられた種姓は変わることがありませんでした。農山林、漁業労働に従事し、土地や権益を持つことはありませんでした。

等身大の喩えでは足と言われ、社会の底辺を支え、必要不可欠な存在なのです。

(5) ヴァルナの外側

原住の人びと（ドラヴィダなど）やヒンドゥ教からみて異教徒、そしてそれを強固に守る人びとを、異種として四姓の外に位置しました。日本の古代史でいえば「清め」と呼ばれた不浄の仕事をする人びとです。

四種姓の下位に位置させて不可触民（アンタッチャブル）として差別してきました。

バラモン教からヒンドゥ教に変わっていく時代には存在しなかった仏教徒、イスラム教徒、キリスト教徒、そしてジャイナ教徒、ゾロアスター（パールシー）教徒などをヴァルナの外側、アウトサイダーとしたのです。

中、近世になって、このような思想性は補強され支配力を持ちました。実は、近代植民地支配の時代こそ、もっとも厳しい疎外と制約がおこなわれたのです。

② 職能（ジャティ）

ジャティは、亜大陸の全域にいわば自然発生的に養われていたものです。地政的な地域性と世襲の生活様式によって職業能力（プロフェッション）を表現したものなのです。

農業、漁業、採集山林業、鉱業などは職能を求められます。特に、ヴァイシャ、シュードラ、そしてアウトサイダーは、膨大な人口構造のもとにあり、彼らは一様な経済生活を持っていたわけではなかったのです。それらを業種ごとに区分したのがジャティです。

ですから、種姓（ヴァルナ）のように四姓に分けられるというような単純なものではなく、多岐で複雑、多様なものです。職人階層は、ヴァルナではヴァイシャ、ときにはシュードラに組み込まれますが、非常に多彩です。金属加工の職人、木彫、木工の職能では、ジャティを異にしています。農民でも、山間農民と平地での耕作者ではジャティが違うのです。

たとえば、南インドのアラビア海沿岸では、大まかに一六種のジャティが存在しているといわれています。この複雑な一六種をヴァイシャ、シュードラ、そしてときにアウトサイダーとして、上下階層化してしまったのが、近代のカーストです。四姓ヴァルナに組み込まれるような概念ではないのです。本来、上下ではなく、横並びの専門集団、職能共同体だったのです。

ヴァルナは氏姓（うじかばね）という血統の継承を伝えるもので、ジャティは職能共同体を表現しているのです。

対面した人のジャティを知るために、出生地あるいは在所を尋ねます。そして、地域に流れる川を問います。産湯の水を知るためです。おなじ郡（ディストリクト）での出会いだったら、井戸の所在地まで尋ねます。それで、相手の職業や出自を知ることができるのです。井戸は、村落にひとつ、あるいは共同体、職能コミュニティが共有ということが、古い時代には普通でした。水汲みは、通常、女子どもの重要な仕事でした。井戸が遠かった家が多かったのです。

すでに述べてきたように、近代になると、このジャティとヴァルナを組み込んで「カースト」に仕立てあげてしまいました。ジャティは、本来、ヒンドゥ主義とは無縁で、ヴァルナと混交すべきものではなかったのです。

2 「縁なき衆生」こそ、日印の民俗に共通する多数派

アーリア人が亜大陸のガンジス河流域に浸潤、定着した当初は、原住の人びと、ドラヴィダやモンゴリアンと通婚し、混在した社会をつくりだしていました。しかし、紀元七、八世紀頃からその融和社会に変化が現れてきます。

ドラヴィダの人びとの生活様式は、清潔感覚が異質で、衛生に対する感性が欠如していて、風土的な疾病(しっぺい)への対応力は脆弱(ぜいじゃく)だ、とヒンドゥ・アーリアは断じました。それは、人間の生命観に対する認識にも繋がるのです。菜食主義を、より純化して彼らに推進しました。

ヒンドゥ・アーリアは、それまで極めて緩やかに認めていた原住種族との通婚を禁じました。中、近世、ヒンドゥ・ブラフマナは、異種族、他階層への忌避観念をより強く補強し、頑迷ともいえる思想になっていきました。

ヴァルナは、述べてきたように「姓」を基礎にしています。けして大きな社会、インド亜大陸全域を対象にしたというような哲学でも思想でもありませんでした。膨大なヴァイシャやシュードラ、非ヒンドゥ教徒などのアウト・カーストなどを視野に収めたものではなかったのです。ですから、最上位ブラフマナの思想として強靭化(きょうじんか)する必要があったのです。

留意すべきは、種姓(ヴァルナ)とはヒンドゥイズムの内側だけの思想であり、制度だということです。ヒンドゥ教を生きるためのイデオロギーにしてきたブラーミン以外の人びととは「縁なき衆生(しゅじょう)」なのです。

そして日本の仏教者は、「縁なき衆生は度し難し」といいましたが、仏教に「縁」を結ばず済度しない人びととおなじようにヒンドゥ教を無縁とした人びとは、別種の生き方を持っていたのです。インド亜大陸では、「縁なき」彼らこそが、圧倒的多数派なのです。古代も現代も変わらぬ事実と真実です。

現代、インドはヒンドゥ教徒が八割といわれています。しかし、ドラヴィダ族やモンゴリアン、あるいはアーリアと混血した人びとの信仰は、本来、民俗的な〝地〟のものでした。地母神や精霊への信仰でした。宗教学ではこれを「アニミズム」と一般化します。しかし、森羅万象への信仰は原始的で未分化という決めつけは、近年見直されています。人間をとりまくあらゆる事象・事物に見えない力、呪力を見出だす思想がアニミズムです。そして実は、それは人間の生存サイクルに密着したエコロジカルな思想なのです。他ならぬヒンドゥ教は、こうした民俗信仰を取りこんで、大まかな体系にしているのです。八割がヒンドゥ教徒といういい方には疑問があります。多数派ではありますが、ヒンドゥ教の多くの要素は、民俗に根差しています。日本神道に似通うものがあります。

ヒンドゥの儀式では、現代でも「清浄な水」が重要な役割をしています。彼らが清浄な聖なる流れと主張する河（ガンジスとその支流など）で沐浴し、神の祝福を受ける聖水を右手に戴きます。清浄はもはや衛生科学を離れて、ヒンドゥの哲学思想に高められ、異宗教信者を峻別し、区別し差別に繋がっていったのです。本来は、インド亜大陸に広く民俗的な「聖水」は、哲学的な武装を施されてヒンドゥの教義になってしまったのです。

日本の婚礼でも「水」は重要です。嫁入りに際して新婦が婚家の水を飲む風習は全国に流布しています。特に北陸の石川県や富山県では「合わせ水」と称する儀礼があります。新婦が実家から持参した水を、婚家先の水と混ぜ合わせて飲む、というものです。また、嫁入り道中に際して道筋に控えた若者たちが、花嫁に水をかけるという風習も、広く伝わっています。沐浴を象徴的な儀礼に替えたともいえるでしょう。(注1)

このようなインド、日本に共通する「水」にまつわる風習・習俗は、特定の宗教教義が生みだしたものではなく、民俗社会が極めて自然な発意として生みだしたものなのです。

「清浄な水」を求め、それを聖水とし、水への信頼を婚家への信頼に置き換えるというのは、精霊や豊穣の母神に対する信仰だったのです。人びとは、常にエコロジー(生態系)との兼ね合いに生存と営みの道を見出してきました。ヒンドゥもドラヴィダも、ジャティもヴァルナ・ヒンドゥ哲学も、本来、ここに入り込む余地はなかったはずです。

聖水を尊び、それが宗教儀礼に現れるのは、日本の神道やヒンドゥ教ばかりではなく、キリスト教カトリック、東方正教会でもみられます。普遍的な「水」信仰といえるのです。

ドラヴィダ人やモンゴリアンが、薬学や医術を知らなかったわけではありません。ヒマラヤの麓（ふもと）やデカン高原地帯、南インドのガーツ山脈は薬草の宝庫で、山間農民はその採集に勤（いそ）しんできました。山の民は、見かけは非文明的でみすぼらしいのですが、豊かな経済性を保有してきました。ドラヴィダやモンゴリアンの古医学（アユールヴェーダ）は、亜大陸全域の健康生活を支えてきたのです。

ドラヴィダやモンゴリアンとの通婚や生活の共有を拒否してきた思想哲学は、本来の人間が持つ活き活きとした生存の知恵を放棄した思考で、一種の悲劇でした（喜劇でもありました）。

仏教が現代のネパール、パキスタン、そして北部インドに活発な活動、布教をおこなった時代、紀元前五世紀から三世紀頃が、「窮屈な時代」の制度的完成期だったようです。バラモン教から整頓されたヒンドゥ教義が加速的に進められた時代です。

仏教は、人間を区分けし、その特性を強調して差別するようなことはありませんでした。下層とされる人びとは、こぞって仏教に帰依（きえ）していきました。社会を支配していると自認していたヒンドゥ・ブラフマナにとっては大敵です。仏教とヒンドゥは激しい相克になりました。仏教はインド亜大陸の北部、開発の届かなかった中央部、南部に、大きく深い流動を呼び込んだのです。

紀元二〜三世紀には、ヒンドゥは、強固な体制を確立しました。ヒンドゥイズムによる支配構造、すなわちヴァルナ（カースト）が、寺院と神々の神話による社会を実現していったのです。宗教哲学と権力化を推進したのは、もちろん僧侶階層であるブラフマナでした。

この時代が、ヒンドゥイズムにとって、はじめての組織的な異宗教、仏教との出会いの時期だったのです。ヒンドゥ教義の拡充に、大きな影響を与えたといえるでしょう。

インド建国神話ともいえる『マハーバーラタ』『ラーマヤナ』はこの時代に成立したと伝えられています。それまで伝承されていた神々の神話とは違って、「人間の歴史と戦争」に喩(たと)えられた物語です。

3 近代のカースト

すでに述べたように、カーストという呼び方は、一六世紀、ポルトガルがインドに進出してからのことです。ポルトガルは、南インド、アラビア海沿岸の、現在のゴア特別州を拠点として領有しました。一五一〇年からインド解放独立にいたる約四五〇年間にわたりました。

インドの近世、近代は欧州各国の標的にされてきた歴史でもあります。成功はしませんでしたがスペイン、そしてオランダ、フランス、イギリスなどが競ってインドを襲ってきました。ヨーロッパの生活に欠かせなくなった香辛料、米、麦、豆などの穀類、ヨーロッパのアパレル界に衝撃的なブームを起こした綿布(キャラコ)、それらを育む豊かな農地を領有するための干渉と攻撃でした。シェイクスピアの『ヴェニスの商人』に描かれたとおりです。

中世から近世にかけての亜大陸は、ヨーロッパ列強の攻勢にさらされた忙しい数百年となりました。キリスト教、そしてイスラム教の浸潤を、亜大陸の人びとは理解しがたいほどの寛容さで受容しました。キリスト教やイスラムによる宗教文化の布教は、政治的、経済的な攻勢を意味します。

亜大陸内部では、中・近世(代)、数百の地方藩王国が勢力を張っていました。帝国とも称される大王国のもとに隷属して延命してきた小藩王国ラージャ（王）の国（地域）もありました。日本の江戸幕藩体制下での大名に似た存在でした。大小ラージャたちは、それぞれ、宗教、言語、地域的経済活動を保ちながら共存してきたのです。

一六世紀後半、欧州列強の攻勢はますます過激になっていきました。覇権を争ってフランスとイギリスは数度にわたって戦争を起こしました。その結果、設立間もないイギリス東インド会社（一六〇〇年）は勢力を増大し、インド進出を本格化します。一七世紀末までに、サントメ（マドラス／チェンナイ）、ボンベイ（ムンバイ）、コルカタ（カルカッタ）を手中にします。当時のインドの主要都市を領有したのです。

ポルトガルやフランスが限定的な地域統治に下降し、オランダが東南アジアへ拠点を移動していった間隙を突いて、イギリスは亜大陸全域に勢力を広げ、その力を浸透させていきます。イギリスの植民地化政策は、強権と巧妙な行政（統治）力を発揮して進められました。

一六〇〇年代後期からインドの不幸な時代がはじまります。イギリス東インド会社による委託統治の二五〇年、そして一八七七年、イギリス領インド帝国が成立して以降の数十年です。不幸な時代は、一九四五年のインド解放独立まで続いたのです。

貧困と繰り返される飢餓、未来の見えない世界一貧しい国のイメージは、この時代に植え付けられました。

余話　近世初期、ヴァルナ（カースト）を逃れて異教徒に……

南インド、特にアラビア海沿岸には、中近世以来の西欧列強の足跡が残っています。わたしの居住する街は、ヴァレンシアといわれています。スペインからやってきたキリスト教の布教師がヴァレンシア教会を建立したのがはじまりで、町名になりました。

それまではゴリ・グッダと呼ばれていました。ゴリ・グッダというのは、他界、異界、冥界を意味します。ヴァレンシアには、ヒンドゥの葬祭場（火葬場）、イスラムの墓所、そしてクリスチャンの墓場があります。

もとは墓掘り、墓守など、底辺の人びとの生活空間だったのでしょう。現在では、多くがクリスチャンで、食品やバス会社などの事業経営者の邸宅が並んでいます。彼らは、クリスチャンになることで、底辺から解放されたのです。

わたしの小規模なマンションの家主さんは、マンガロールでいちばん大きなケイタリング（配膳業）会社の経営者で、結婚式や催し事、葬礼などに料理と人員を派遣しています。ときに数千人分の配膳を賄う調理工場を持っています。ヴァレンシア教会の門前に所在しています。敬虔な信者です。彼は、クリスチャンに改宗した成功者のひとりです。現在、息子をシンガポールの大学に留学させています。

ヴァレンシアは、南インドカルナータカ州のアラビア海沿岸の港湾都市マンガロール市内にあります。マンガロールには、インドにキリスト教がやってきた一五世紀に設立された教会のいくつかが、現在も活発に活動を続けています。マンガロール市と周辺地域には七〇の教区（教会と信者共同体）があり、市人口の20％近くがキリスト教徒です。インド全域からみてかなりの高率です。ヴァレンシア教会のようなスペイン系も、その他ポルトガル系、ドイツからのプロテスタントに帰依した人びともいます。インド・カトリックは、近代に至ってローマン・カトリックに帰属しています。

古代の仏教徒とおなじようにカトリックに帰依することで、ヒンドゥの種姓から解放され、自由な経済活動に生きることを保証してきました。南インドに流入してきたイスラム教徒もヒンドゥの種姓にとらわれずに生活してきました。

しかし一六世紀後期から一九世紀、イギリスの攻勢、その統治時代には、けして容易な生活環境ではありませんでした。それが、インド・カースト制度の最大の問題なのでした。

そのことで的確に留めておかなければならないのは、ヒンドゥの種姓(ヴァルナ)、職能(ジャティ)から逃れ出て、クリスチャンやムスリムに改宗した人びとは、異教徒、異種として社会的枠外におかれたのです。あくまでもヒンドゥからの視座、いい方ですが、彼らは底辺からの解放を得たと同時に、多数派ヒンドゥに対する少数派として、社会の片隅に逐(お)われていたのです。

4　野心家たちのインド

実際にインド植民地を統治、支配したのはイギリス東インド会社という企業体でした。すでに述べたように一六〇〇年代前半期、インドの主要地域を領有すると、貿易、行政を占有するようになりました。委任（委託）統治という言葉が、歴史用語としてこの時代を称するのに正確かどうかは議論があります。しかし、実態としてはイギリス王室、政府から委任を受けていたのは東インド会社でした。領有していた主要地域はもとより、北部のムガル王朝をはじめ、大小、数百の藩王国への行政にも干渉し、税制、農・工業の生産管理、その貿易権はすべて掌握されました。

この時代、インドの人口は二億に届かなかったであろうといわれています。一三億に手が届きそうな現代とは、比較にならない密度です。インド人がインド人のために営んでいた農業生産は、不足なく、豊かにおこなわれていました。鉱業産品である金銀、宝石などは輸出さえもおこなわれていました。ところが、ダイヤモンドから綿花まで、インドに生産されるあらゆる〝富〟はイギリスの権益に納められました。インドは丸裸にされました。

一六〇〇年代末、現在の南インド、タミール・ナドゥ州チェンナイ（マドラス）の長官になったトマス・ピットには、現代まで語り継がれる挿話があります。

インド人山間労働者が（彼は奴隷だったともいわれているのですが）、あるとき、四一〇カラットの巨大なダイヤモンドを掘り出しました。それを知ったあるイギリス人船員は、山民の彼に、いちゃもんをつけてダイヤを掠（かす）め取ってしまいました。船員はある商人に売り、商人はマドラス長官であるピットに転売しました。二万ポンドでした。ピット長官はダイヤを磨き、宝石として整えると、フランス摂政オルレアン公に売りました。金額は、一三万五千ポンドだったと伝えられています。そして、現在でもピット・ダイヤモンドと名付けられフランスの国有財産として所有されています。（注2）

貨幣価値、特に当時のポンドがどれほどに換算されるのか定かではありませんが、二万が一三万五千になるという魔法のような取引です。

よく知られていることですが、ピット家は一七〇〇年代、大ピット、小ピットと呼ばれ、父子二代にわたって首相を輩出しています。インドでの荒稼ぎが、財産と権力を養ったのは自明のことです。

一七〇〇年代半ばになると、ピットに続くインド成金がイギリス社会にはびこってきました。彼らはネイポップと呼ばれました。蔑み（さげすみ）と、いささかの羨望も含まれていたようです。トマス・ピットは当初、イギリス政府から正規に派遣された人物ではありませんでした。インドで一旗揚げようと乗り込んできた一商人でした。イギリス東インド会社とも悶着（もんちゃく）を起こしています。インドが「おいしい」と評判が立つと、野心家たちはこぞって亜大陸を目指したのです。ロンドンではアパートメント暮らしでも、ひとたびインドへ赴けば、広大な屋敷に百人近い使用人を使って王族顔負けの生活ができました。そして帰国すれば、地方に土地（領地）を買い、富裕階層ジェントルマンに変貌です。イギリスの階級社会を生き抜くには、インド成金（ネイポップ）と罵（ののし）られようが、当時、これが唯一の栄達の道でした。

東インド会社のまわりには、余徳にあずかろうとする野心家たちが群れ集まってきました。

イギリス東インド会社の正規雇員で行政の執行者は、高等弁務官でした。この用語も数百年の歴史に定着していた公語であったかどうかは、明確にはいえません。時代的にずれがあり、植民地時代全般にあてはめていうには無理があります。でも、ここでは普通に呼びならわしているので用います。また、各地域には〝政庁〟と呼びならわす行政事務所が設置されていました。王さまを戴く藩王国にも、イギリス政庁があったのです。完璧な二重、いや多重行政制度でした。

イギリス人弁務官はひとつの事務所に大抵ひとり、あるいはふたりです。多くのインド人が事務官として採用されていました。現地住民とイギリス側とのコミュニケーションを仲介するのはインド人事務官です。これらの事務作業の中心になったのが、ブラーミン階層出身者でした。彼らは本来、寺院が組織する寺子屋で教育を受けたのですが、たちまちのうちに英語を習い、覚えました。

彼らは弁務官の書記として読み書き、書類の作成をこなしました。能吏（のうり）でした。父祖からの寺院に所属して祭祀（さいし）を司（つかさど）るのが彼らブラーミン（ブラフマナ）の本来の仕事ですが、次、三男、ときには数人の兄弟ともなると余剰な人員になってしまいます。政庁で働くことは、職域の拡大だったのです。

政庁職員であり、弁務官書記であったブラーミン出身者たちは、植民地の治安を守備する警備員、兵士を組織することも役割にしました。兵士たちへの命令、下命が直接できるのはインド人である彼ら、ブラーミン書記官だったのです。地方語と英語を結ぶ仕事は、やがて権力を持つようになったのです。

地方的な藩王国に帰属していた原住のインド人たちは、イギリスをはじめとするヨーロッパ植民権力が制度化した行政に生きなければならなくなりました。イギリス政庁の行政は、おなじインド人でありながら藩王国の役人ではないブラーミンの下命に従うことになったのです。彼ら、原住の人びとの心情は、藩王にありました。宗教儀礼や生活のすべては、藩王とともにありました。良い王も悪い王もいました。それでも隷属してきました。

ところが、イギリスはきわめて巧みに狡猾に行政権を奪ったのです。

人びとは、従来の藩王に精神的、文化的な依り拠を求め、実際の生活はイギリス政庁の行政に委ねなければならなくなったのです。人びとは、ダブルスタンダードに生きたのです。

余話　村祭りに観たインド的思考

二〇〇三年、南カルナータカのある農村の調査に赴いたときの話です。雨季の直前、田植えの終わった村落の祭礼でした。

そこは、ケララ州との境界地域で、米、サトウキビ、ココナツ、檳榔樹（びんろうじゅ）、胡椒、カカオなどが主生産品で、豊かな農村でした。解放独立後、半世紀を経て豊かになったといった方が正確でしょう。

豪族が治める小王国で「王」というより大地主のもとに農民たちが従属していた村落でした。村落にはふたつの集落があって、いつも折に触れてお互いが争っていました。収穫高を競い、民俗に根差した神格を奪い合っていました。どちらの集落に神と神意が思し召しを与えるのかを、お互いが主張し争うのです。鉾（ほこ）や刀を持った男たちが、お互いの集落から隊伍（たいご）を組んで、村落の中心部にやってきます。擬態としての戦闘をおこないます。

地域限定の神話を再現し、未来を占うのです。伝説的な神話を再現し、演ずる祭礼です。最後には、他界からの精霊に憑意（ひょうい）したブータと呼ばれる演者が顕れて、舞い、叫喚し、人びとの精神に侵入し、それぞれに託宣（たくせん）を与えます。

この祭礼に、色の白いひとりの老人が立ち会っていました。参加するわけではなく、一部始終を観覧しているのです。

気になったわたしは、あれは誰なのか、と村落出身の学生に尋ねました。

彼はブラーミンで、独立以前はイギリス政庁事務所に働いていた人物だ、とのことでした。彼はこの村落を担当していて、政庁事務所と村落を結ぶ仕事をしていた、とのことです。彼の父もおなじ仕事をしていたとのことで、植民末期には世襲になっていたのです。

わたしは関心をそそられて、八〇歳を過ぎているという彼に聞き書きをしました。

本来、ブラーミン階層は関わることのできない祭礼だったのではないですか、というわたしの質問に、「いや、祭礼の意味や宗教には関わらなかったが、政庁はこの祭礼を支援していたのだ」

と答えました。「政庁は、ここばかりではなく、各集落、村の行事には深い理解をもって、奨励、支援したのだ」と続けて、口調が熱を発してきました。植民地時代を懐かしむというよりは、当時の正当性を訴える、という調子でした。彼によれば、政庁は祭礼にかかる費用の一切を負担し、参加者への謝礼ともいえる米や農産物を人びとに分け与えた、というのです。

そういえば、祭礼の終幕は、主催者がココナツの実を参加者に投げ与える行事でした。子どもたちが群がって取り合っていました。日本の祭礼での餅まきに似ていました。

「政庁の時代は、あんな子ども騙しじゃなかった。米は俵ごとみんなに与えたものだった。ココナツはもとより、檳榔樹の実だって、半年分はやったものだ。祭りはそういうものだった」

彼は、父祖以来、毎年の祭礼予算を政庁事務所に要求する役職にあったのだ、と語ってくれました。

この地域は、もともとイギリスに領有されていたのではありません。彼の語った時代は、イギリス統治インド帝国時代の末期でした。イギリスは、インド帝国を成立させることで、亜大陸全域の藩王国を骨抜きにし、完全に行政を握っていました。

衰えた藩王国に替って、イギリス政庁は精一杯の住民慰撫(いぶ)策を講じていたのです。実は藩王国の力を阻喪(そそう)させたのはイギリス政庁だったのですから、骨を抜いて飴(あめ)を与えたことになります。その先端にブラーミンがいたのです。牙を抜いたのも飴を与えたのも、その執行はブラーミンが任じたのでした。

それにしても、不思議な静けさ、平穏さで、彼は祭礼の場に座を得ていました。

祭礼は、藩王国時代の伝説と神話を再生するものであり、その王国はいまや影も形もなくなっています。王族の末裔（まつえい）は消息知れずで、祭礼にも姿はありません。こういう現実を引き起こしたのは、イギリス植民地主義、その分割統治と弁務官行政でした。その先兵にいたのが、いま、祭礼を見学している老人なのです。

本来なら、地域の人びとから罵られ、排除されて当然とおもえます。老人に対して、ことさらに敬っているとは見えず、だからといって無視しているわけでもないようです。なにか、目眩ましにあったような感覚です。あの激しかった反英独立運動は、幻想だったのでしょうか。いささか見えにくく判然としない不安定な地面に立たされて、平衡感覚を失ったような気分に陥りました。

その後、この祭礼を博士論文にするという同行した学生と、たびたび議論しました。それが、わたしの仕事なのです。祭礼の民俗的読み解きを進めながら、わたしはときに彼を置いてきぼりにして、ひとりだけの物思いに沈みました。あの村落の人びとが発揮した「インド的思考」を考え続けていました。

少しずつみえてきました。博士論文を書かなければならない学生には、迷惑な先生でした。これが、近代インドの人びとが現実社会にコミットするやり方なのだと気付いてきたのです。

すでに失われた藩王とともにあるべき祭礼を、彼らができる限りの盛大さで振舞うのは、彼ら自らにもっとも適合する事象なのです。それは、客観的には唐突ともいえる大胆さでおこなわれることです。歴史に反し、現実を仮想化してしまうようにみえるのです。ところが、これこそが彼ら自身の歴史とポリシー（智謀）に生きることになるのです。すでに述べたダブルスタンダードに生きる術だったのです。自己分裂に陥らないために、自らを客観化して見詰め直す対象化をおこなっていたのです。それは実は、彼らが彼らなりに、編み出した方法で、社会を書き替える作業だったのです。それがカーストを内側から変容させているのです。

5 書き換えられたカースト

イギリスの植民地政策は、東インド会社時代も、女王を戴く（いただく）インド帝国時代も、懐柔と策謀を恃（たの）んだ、表面的には平和的なものでした。大量殺戮や軍事力による強権を以って支配するというようなことはありませんでした。ポルトガルやスペインがアジア諸国に展開した、戦争と占拠というようなことはありませんでした。

インド帝国時代になって、インド人傭兵が叛乱を起こしたセポイ戦争、イギリスの王国への干渉に対して頑強に抵抗し続けた南インドはマイソールのティップ・スルタン王などの例外はありますが、概ね、インド亜大陸は眠ったようでした。

それにはいくつかの理由があります。

(1) 一六〇〇年代、イギリスはインド進出にあたって、先発していたオランダと三次にわたる戦争をおこない、ようやく地歩を固めることができました。その後も、一七〇〇年代には現在のバングラデッシュ、そして西ベンガル州でフランス、インド太守(たいしゅ)連合軍と闘っています。イギリスにとって、戦争の敵はインド藩王国ではなく、オランダ、フランスなどのヨーロッパ列強だったのです。ヨーロッパ諸国は、後発でインドへ進出を企て、覇権を狙うイギリスのライヴァルだったのです。

(2) 度重なる戦争で、イギリスは、亜大陸全域に軍備を配し、駐留することの不可能を悟っていました。加えて、一七〇〇年代から一八〇〇年代に至って、イギリスの経済情勢は充分な軍備費を計上できるものではありませんでした。

(3) 一六〇〇年代末期から、上記(1)(2)のような状態にあったイギリスのインド植民政策は、軍事力で屈服させることではなく、懐柔と策略で権益を獲得することしか道はなかったのです。

イギリスは懐柔と策略を、いうなれば制度化して確立していきました。懐柔には味方が必要です。北部デリーを首府とするムガル帝国を筆頭に、亜大陸全域の藩主たちを味方、あるいは敵対しない、利益を分け合う存在にしていきました。ごく稀な例外を除いて、藩王国は税制を含めた行政をイギリス東インド会社に任せていったのです。

その先兵が、事務能力に優れたブラーミンたちでした。そして、実質的に彼らブラーミンに組織された警備、軍隊はイギリス政庁に忠誠を誓っていました。きわめて平和的で友好的な衣装をまとっていたイギリス東インド会社は、実は狡猾な策略集団だったのです。

(1) イギリス東インド会社が求めた農業政策は、インド亜大陸の人びとに恩恵をもたらすものではありませんでした。主食である米や雑穀類を生産することではなく、綿花、香辛料、一八〇〇年代には阿片(あへん)の栽培を推進しました。消費国としてのインドをまったく無視していたのです。インドの需要など、念頭になかったのです。イギリスに利益を供給するための農業でした。インドは、恒常的に飢えたのです。

(2) 行政機構を担ったのはインド人、ブラーミン階層が中心の東インド会社員たちでした。インド人がインドを統治する体制を確立したのです。イギリスはカーストの内部に無頓着に踏み込んだのです。英語を解するブラーミンは、インドの人びとにとって権力、あるいはその代弁者そのものでした。人びとが、日常的に直接触れる絶対的存在はブラーミン、ということになっていったのです。

それはカーストを上下の従属関係のみに書き換えたのです。本来の種姓（ヴァルナ）が持つ人間の働き、役割などを無視していったのです。

ブラーミンの絶対化は、かつて、ヒンドゥ・インドの歴史に刻まれたことのない「社会」の出現を許すことになりました。それはやがてゆるぎなく固定化していきました。

インドは農業国です。古代から現代まで変わらない事実です。古代、アーリア人がインド亜大陸に移入してきたのも、豊かな農耕地を求めてのことでした。彼らは、ガンジス河流域に米作（インディカ米）を定着させました。

一九九〇年代に急激な経済拡大をしたインドは、農業人口が漸減しました。とはいえ、二〇〇〇年代に入った現代でも60％前後が農業民です。農業生産力が、経済発展を下支えしてきたのです。

一六〇〇年代からの植民地時代には、食糧需要の農業から輸出経済を維持するための農業に転換させられました。香辛料、綿花はインド人生活者のためではなかったのです。

一八〇〇年代になると、イギリス東インド会社は、阿片の生産に走りました。それが中国での阿片戦争になったのです。インド亜大陸が阿片の供給源だったのは歴史に知られたことです。

一九〇〇年代、イギリス領インド帝国の時代から、農業についての議論はおこなわれてきました。反英民族運動の基盤ともいえる議論でした。農業問題は、独立運動にとってきわめて大きなファクターでした。

インドの農業問題は、経済拡大とその自立に向かう現代でも、解決しているわけではありません。ここでは詳述を避けて、3章で論ずることにします。

東インド会社によるブラーミンの重用は、すでに述べてきたようにブラーミン階層の権力化、最上階であるという固定と絶対化を保証しました。それまでの親しみと崇敬は、上意の体現者に変わったのです。

地域によって差があるのですが、ブラーミンの存在は、総じて親しい存在でした。寺院祭祀の司祭者であり、宗教文化と哲学を説く、どちらかと言えば、浮世離れした存在でした。ときには、揶揄、からかいの対象でした。それが、威厳ある「お上」になってしまったのです。

ヴァイシャやシュードラは、ブラーミンの前で厳しく上下を問われる存在ではありませんでした。それぞれ、生業を発揮してブラーミンに対していました。それが、行政、納税や労働の質を管理されることになり、厳しい区分が現前しました。

社会の発展が人間の専業化、分業化を推進するのは、近代への歴史がもたらす必然です。しかし、インドのそれは、非常にゆがんだ近代化だったのです。

古代に発生し、変遷を重ね、カースト（ヴァルナ）は、それぞれの時代に対応しながら、それなりに人びとの内実に定着してきました。けして人間の実在に優しかったり平等だったりしたわけではありません。差別もありました。自由な通婚は望むべくもありませんでした。ヴァイシャとシュードラが生存をかけて争った地域歴史は、語りつくせぬほどあります。ブラーミンに抵抗し、共同体内部でさえ分断され相克してきた歴史もあります。悲惨な事例は数限りがありません。

それでも、カースト（ヴァルナ）を、人びとは内なる現実として養ってきました。自らの精神形成によって、内側の現実として、諦念とかすかな希望を平衡させながら保ってきたのです。厳しい現実であり、負を背負っていたことも確かです。それでも、すでに述べてきたように一六〇〇年代、分割統治のはじまる以前のインドは、人口二億に満たず、農業やその他の産品に恵まれた豊かな亜大陸だったのです。

しかし、イギリス東インド会社が仕組んだブラーミン階層を先兵とした行政、支配の構造は、人びとの「ヴァルナ」への意識と自覚を変質させ、異種姓との関係をひきはがしたのです。外側から社会そのものを規定する体制へと変容したのです。武力で蹂躙（じゅうりん）しない、平和共存の分割統治、あるいは直轄領インドの現実は、人びとの精神を空洞化させ、生存への意欲を阻喪（そそう）させたのです。

インド国民会議（ナショナル・コングレス）派

一八八五年、イギリス直轄領インド帝国だった時代、イギリス総督は、その諮問機関として「インド国民会議」を創設しました。当時のインド知識人を招集して「懇談の会」を持ったのです。会議は、たちまち白熱して、インド亜大陸の諸問題を討議するようになり、会議内部から全国的に発信する政治運動に発展していきました。反英民族運動のイデオローグとしての役割を担いました。イギリス側の融和策としての会議設定は当てが外れたのです。

同時に、農業、国内産業についても各地域からの参集者によって情報交換がおこなわれ、イギリス統治下でありながら、自らの振興策を討議、推進しました。

しかし、イギリスの「好意」による会議は、ヒンドゥ・ブラーミンの穏健派と目され、イギリスの行政に協力、あるいは理解を示した「知識人」が主体の構成でした。なにより英語が堪能なことが条件でした。

対抗してイスラム教徒（ムスリム）は「インド・ムスリムの社会的立場、文化、政治的主張」を議論する別の会議を設定しました。それが後の「インド・ムスリム同盟」（一九〇六年）になるのです。

このムスリムの会議こそ、パキスタン分離（一九四七年）の萌芽です。きわめて早い時期に「会議派」に対抗したムスリムの政治組織は、成立しているのです。

一四世紀以降、インド・ムスリムは独特の歴史を刻んできています。ムスリムの大王朝ムガルは、数百年、北インドに君臨していたのです。イギリス領インド帝国の成立（一八五八年）まで存続していました。

独立開放後、インド国内のムスリムは、パキスタン分離を経て、基本的にはヒンドゥやクリスチャンと親和性を保っています。二〇〇〇年代に至って、ヒンドゥ原理主義との闘争もありましたが、インド国家を揺るがし、存亡をかけるような、そして他国へ飛び火するような争闘は起こっていません。地域にもよりますが、会議派（コングレス）を支持しているムスリムも少なくないのが現状です。

「インド国民会議（コングレス）」は、一八八五年の設立後、瞬く間に政治運動組織になり、やがて政党として、イギリス統治下にもかかわらず活発な活動をはじめたのです。

一九〇〇年代に入ると反英運動は活発になり、一九二〇年代には、マハトマ・ガンディの「塩の行進」と呼ばれた全国行脚がはじまり、会議派（コングレス）は彼の思想と同伴することになったのです。活動家としてのガンディは、会議派にとって崇敬すべき偶像（アイドル）でした。しかし、政党「会議派」としては、彼を党員にすることはできませんでした。双方ともに距離を感じていました。会議派の中心的指導者であったジャワハーラル・ネルーは、ガンディへの尊敬を隠そうとはしませんでした。しかし、ふたりの政治戦略に完璧な一致はなかったのです。

独立後、一九五〇年、憲法が施行され、一九五二年、インド会議派(コングレス)は政権を獲得しました。総選挙は圧勝でした。反英民族運動を闘ってきたジャワハーラル・ネルーが首相に就きました。ネルーは、すでに一九四六年、中間政府（独立準備政府）の首班として内閣を組織していました。

一九五四年、インド首相ネルーは北京を訪問し、周恩来と「平和五原則」を表明しています。翌五五年には、ソヴィエトロシアと相互訪問をしています。これに先立つ五一年、会議派は「第一次五カ年計画」を策定しています。独立後のインドは民主社会主義を政治ポリシーとしていました。「五か年計画」政策は、ソヴィエトロシアを倣ったものでした。一九九〇年代になって、経済拡大を邁進するインドは世界を驚嘆させましたが「計画経済」政策は空洞化しながら、しかし継承されています。

政党会議派(コングレス)は、一九六〇年代にもっとも強力な指導力を発揮して、与党の座を確保し続けました。インド特有の地方政党、共産党などと連立して政権を維持し続けてきました。六四年、ジャワハーラル・ネルーが没しました。

ネルーの死後、実娘インディラ・ガンディが首相の座を襲っています（一九六六年）。

一九七〇年代になると、会議派(コングレス)も、それまでのような政権運営はできなくなりました。ようやく成長したインド人民党(BJP)は、ヒンドゥ原理主義的な容貌を鮮明にしながら、第一野党として政権を伺う勢力になっていました。そして七七年、人民党は遂に政権与党になりました。

国民会議派（コングレス）の政権は独立以前に成立し、両三度パキスタンと戦争をしてきました。当初は政治的規範とも恃（たの）んだ中国とは、平和五原則発効後、数年にして紛争対象国（一九六二年）になるという波乱の外交関係を経験しています。二〇一六年現在、中印国境問題は紛争中です。

会議派は七〇年代以降、およそ一〇年に一度、政権から離脱しています。しかし、設立から一二〇年、独立後の六〇年余はインド政治の顔でした。まさにコングレスを語ることは、インド現代政治史を解き明かすことなのです。

二〇一四年の統一選挙では、野党人民党に政権を譲りました。人民党の圧倒的な勝利でした。

インドには、植民地時代からイギリスが構築した強固な官僚制が行政の末端にまでいきわたっています。役所はお上なのです。官僚制度に乗った役人たちは、腐敗、堕落し、汚職は日常化しています。小規模な付け届けは「ごあいさつ」程度の常識です。

二〇一四年の総選挙は、こうした官僚機構の腐敗、堕落に飽いた人びとが、経済人ナレンドラ・モディに未来を託した結果でした（2章に詳述）。

一九九〇年代からの経済成長は、二〇一〇年代になって、一転、停滞しています（2章に詳述）。この経済停滞からの脱却が最大の課題です。「あたらしいインド」の創出が、与党になった人民党とともに伝統の会議派（コングレス）につきつけられているのが現況です。

一九九〇年代からの驚異的な経済発展は、統制と管理の五か年計画路線の空洞化とともに展開されてきました。インドは、マハトマ・ガンディに象徴されるアジア民族国家という括りから、明確に変わりつつあるのです。

〔参考文献〕

The Emergence of the INDIAN NATIONAL CONGRESS（インド会議派の出現）by S.R.Mehrotra 1971. Published Rupa & Co.

6　植民地末期、そして解放独立後のカースト

イギリス東インド会社、そしてヴィクトリア女帝イギリス領インド帝国時代の一六〇〇年代からおよそ三五〇年間、施政は巧みに使役されたブラーミン階層のインド人が、現場の顔になっておこなわれてきました。彼らは、優れた書記官であり執行吏員だったのです。

やがて彼らは弁務官登用試験を受験する権利を獲得し、イギリス人よりも優秀な成績で合格しました。しかも合格者は、イギリス人を抜いて多数になってしまいました。「巧みな使役」に耐えた

インド人は、奪権したのです。インドの行政権をインド人が奪い取ったのは、歴史上の快挙です。

ですがそれはインドの幸せには結びつきませんでした。イギリス植民統治が「カースト」を書き換えてしまったことは、すでに述べてきました。優れた書記官であり、ロンドンでの弁務官試験の英国人受験者を凌ぐ攻勢を示したのは、インド現地で登用試験を受けたインド人たちでしたが、彼らは、ほとんどがブラーミン階層の英語スキルとなった人材でした。彼らの努力は、彼ら自身、彼らの共同体、ブラーミンのために発揮されたのです。

植民地末期には、クリスチャン共同体の人びともかなり参入してきました。ミッションスクールでの英語教育が本格化したのです。

一八〇〇年代以降のイギリス領インド帝国時代、多くのブラーミンは最上階級として固定され、植民政策を推進する立場を獲得しました。同時に、反英民族運動に参画したのもブラーミン出自の活動家が多かったのです。

彼らブラーミンは常に、社会の指導的立場に立つことを使命にしてきたのです。それが、宗教者であり知識人である共同体の存在意義だったのです。彼ら共同体の古代からの歴史です。まっすぐに進むと、人びとの尊敬を集めるのですが、権力化すると面倒な存在です。

大きな発言力を獲得したブラーミンは、弁務官事務所だけではなく金融、輸出産業、教育機関、税務事務所など、社会の中枢を押さえるようになりました。イギリス仕込みの事務体制、官僚機構を組み上げていきました。高等弁務官、総督府の望むままでした。むしろ、植民地支配にとって、イギリスが求めた以上の多大な貢献になりました。イギリス側が求める以上の官僚機構の組織化を成し遂げたのでした。

このような植民地体制下での多彩な活躍を快くおもわないブラーミンたちもいました。寺院に生まれ育って、ヒンドゥ哲学を体得し、宗教活動に専心するブラーミンたちは、異教徒のイギリス人とともに働く共同体の者たちを快くおもわなかったのです。彼らには、宗教をないがしろにし、自らを売り渡す行為としか映らなかったのです。

しかし彼らの主張するヒンドゥ原理主義、ブラーミズムは、イギリス領インド帝国に差し掛かる時代には、すでに説得力を失っていました。

なによりも、イギリスに重用されたブラーミン階層の人びとは、社会的にきわめて優遇されていました。さらにイギリスは、彼らをもっとも信頼できる人士として認めたのです。インド社会の指導層として承認するばかりか、統率力を備えた最上階の疑似権力者として処遇したのです。すでに繰り返し述べてきたように、階級としての固定化です。

また、近代に至って、寺を離れざるを得ないブラーミンが急増しました。鉄道の敷設、港湾の整備などが都市開発を進め、人口の流入を促進しました。父祖伝来の地方の土地を売って、都市生活に入るブラーミンを留めることはできませんでした。彼らは、商売に投資し、都市生活者としての職を求めました。

独立開放は、変貌する社会の只中にやってきました。さまざまな意味で、インド、ならびにインド人は〝力〟をつけていたのです。それは、イギリスの統治力の衰えを呼び込みもしたのです。

独立開放は、注目すべき歪みをともなってやってきました。

固定化されたブラーミンたちはイギリスの遺した遺産を守りました。自分たちを最上級階層とした固定化をそのまま受け継いだのです。実に都合よく、遺産を活用しました。

金融（銀行）、地方行政府（弁務官事務所）などは、独立以前から実質的にブラーミンたちが運営していたことはすでに述べてきました。

独立後、大学は、ブラーミン教授を中心に研究室を組織しました。郵便局も電話局も、トップにはブラーミンが配されました。鉄道の駅長、管理局はブラーミンでした。

独立開放は、インドに平等をもたらしませんでした。むしろ、イギリスの方法を活用して統制と管理の体制を強化してしまいました。

古代はもとより、中世にもなかったカーストの体制が出現してしまいました。

大学の研究室がブラーミン教授の手から離れるのは、一九七〇年代まで待たねばなりませんでした。それも、新設された地方大学から、徐々にゆっくりと変容していきました（次項参照）。

独立後、もっとも変わったのは軍隊です。植民地崩壊後、直ちにインド国家軍となり、徴兵制を敷きました（一九四七年）。国民皆兵の考え方が基本でした。愛国心の発露としての国軍、ということが強調されました。特定の共同体を優遇し重用することはありませんでした。少数派であるシク教徒、ムスリム、そしてクリスチャン(注3)も能力に応じた待遇を得ました。山岳種族、特定地域の少数派なども例外ではありませんでした。

植民地時代にブラーミン階層が弁務官事務所の仕事として警察、軍隊を管理していたようなことはなくなりました。やがて徴兵制は廃止される（一九八〇年代末）のですが、ブラーミンを特別に優遇、重用することは、陸、海、空の国軍関係ではありませんでした。ブラーミン階層は、軍事行政に及べなかったというのが正しいのです。

余話　銀行採用試験の〝怪〟

一九九五年、北カルナータカの民俗調査に赴いたときのことです。

アラビア海沿岸の風光明媚な地方都市でした。地域に伝承された英雄の祭礼を調べていました。調査の現場に赴く前、あるブラーミンを訪ねて、祭礼の詳細を聞き取っていました。彼は、この州では有名な銀行の支店長で、民俗に詳しい郷土研究者でもありました。
わたしは、夢中になって、祭礼の次第や祭礼に至る「若衆宿」（祭礼に参加するため、実家を離れて忌み潔斎の生活をする習慣）などを採集していました。そこへ、数人の青年たちが訪れてきました。

青年たちは、わたしの聞き取りの協力者かな、とおもいました。ところが、主人の郷土研究者は、わたしに断りを入れると、別のテーブルで、深刻そうに対話をはじめました。それも、ひとりひとりに諮問しているのです。青年たちは、用意した文書を提出して、説明しています。

彼ら青年たちは、この家の主が勤める銀行への就職依頼に来たのでした。書類は、大学の卒業予定、出身地、現住証明、そして通常、この国で必要不可欠な、最も大切な出自証明、保証人承諾書などなどでした。

青年たちは、カルナータカ州でいちばんといわれている大学の修士、博士課程の修了予定者たちでした。銀行は、カルナータカの資本家が設立した由緒ある大銀行です。

主人は、ちょっとバツの悪そうな笑顔とともにわたしのテーブルに戻ってきました。わたしは、ことの次第を急きこむように尋ねました。

簡単にいえば、就職のためのコネクションつくりで、インドの大学は、一切就職斡旋をしないので、学生たちは父母や親族、知人の紹介で動くのです。主人は、訪問してきた学生たちは全員、自分とおなじ共同体だといいました。そういうことなのだ。

実はわたしの口座も、支店は違いますが、主の勤務する銀行です。南の港湾都市マンガロールの支店です。そして、ほとんどの行員がブラーミン階層で占められていることを知っていました。取引は、ほぼ二〇年になりますが、事務的なことで、トラブルになったことは、一度もありません。学生たちは、おなじ共同体であるこの家の主に銀行への推薦を依頼しに来ていたのです。主の「推薦」を受ければ、本店での形式的なインタビューで採用になるということでした。

ブラーミンといっても、その内部は一様ではなく、地域、出身寺院、宗派などによって微妙な階層があります。おなじ共同体、という表現には出自をおなじにしている、という意味がありまず。支店長職にあるこの主には、幾人かの採用枠があるのでしょう。それを頼って新卒学生がやってきたのです。主には、自らの共同体を守る意味からも「採用枠」を遵守する義務があるのです。

一九五〇年に発布されたインド憲法によって、ブラーミン、ならびに特定ヴァルナを公的職業において優遇することは禁じられました。金融も例外ではありません。しかし、こうした私的コネクションによって、特権的な〝構造〟が維持されているのも現実なのです。

7　実録・森の狩猟民が主任教授になった

語ろうとしているのは、すべてわたしの友人たちのことです。ですから、事実です。

一九九四年八月、正確には二四日、わたしは北カルナータカ州ハンピーのカンナダ大学に客員教授として赴きました。ハンピーは中世、南インドを制したヴィジャヤナガラ帝国の首府であり、遺跡の宝庫です。その遺跡のど真ん中にあるのが、カンナダ大学です。

赴任届を提出した夜、わたしのホテルの部屋に訪問者がありました。借家をするつもりでしたが、見つかるまでホテルに仮住まいしていたのです。

訪問者は、A・Kと名乗って、カンナダ大学に就職依頼に来たとのことでした。氏は、南カルナータカ郡の出身で、博士取得後、カルナータカ西部の大学で助教授になっていました。

わたしは、日本流の歓迎の意をこめて、ルームサーヴィスでビールを振舞いました。

「日本には、カーストはありませんよね。カーストがどんなものか、わかりますか？」

彼の第一声、のっけの質問でした。

インドの、しかもこんな田舎に何しに来たのだ、という疑念が背後にあって言わせたことばだと理解しました。それにしても、これからはこういう人たちに囲まれて生活することになるのか、と暗い気持ちになりました。

　気を取り直して、ぽつぽつと会話をしました。もちろん、インドにやってきたばかりのわたしにカーストを語る資格はありません。正直に言いました。ただ、インドには関心があって、当時、一年に一度は短期の旅行をしていました。それなりに民俗や歴史、文化の文献も読んでいました。わたしは、いい機会だとおもって、質問する側にまわりました。話が進むと、A・Kさんは人懐こい笑顔を見せる青年でした。

　二年三か月、わたしはカンナダ大学ハンピーでの任期を終えました。毎日がワンダーランドにいるような生活でした。楽しく、充実していました。引き続いて、アラビア海沿岸のマンガロール大学に赴くことになりました。一九九六年の年末に赴任しました。

　マンガロール大学、文学・民俗研究科でA・Kさんと再会しました。彼は、ハンピーには就職しませんでしたが、母校であるマンガロール大学に帰っていたのでした。それから四年後、イギリス、ロンドン大学での研修研究を経て教授に昇進しました。

　おなじ学科なので、わたしは彼への関心を高め、折に触れて研究室を訪ねました。彼は、特殊な村落の直系親族や姻戚共同体の研究を進めていました。特に山間民について詳細な論文も書いていました。社会人類学と民俗、文化を結ぶものでした。

　そしてわかってきたことは、彼がそうした種族の出身者で、彼のもとにはおなじような共同体の学生が、集まっていることでした。彼らが修士、博士論文を書くときには、A・K指導教授は並ではない力量を発揮するのです。彼の指導なしでは、論文を書くことは難しいのです。

山間民の共同体は、地域によって違う扱われかたをするのですが、いわゆる被差別が多く、高等教育の学生になることは容易ではありません。小学校以来、奨学制度を受けて来た、という学生もめずらしくないのです。彼らは、すこぶる優秀です。

A・K教授には特筆しなければならないことがあります。彼の細君はブラーミンです。彼が、博士課程にいた頃、非常勤で学部大学の講師を務めことがあり、彼女はその時の学生だったのです。ふたりの結婚は凄絶なものだったといわれています。想像するに余りあります。幽閉状態だった彼女は、実家を逃亡してきました。そして、彼の共同体が匿まったのです。

彼がはじめてわたしをハンピー、カンナダ大学に訪ねたとき、彼の恋愛と結婚への道は最大の困難に直面していたのです。だから「日本にはカーストはありませんよね……」といったゆがんだ質問になったのだ、と告白してくれました。ほんとうに恥ずかしそうでした。

彼女が出自の仲間たちに匿まわれていたときだったそうです。できれば、カンナダ大学に職を得たいとおもっていたのでしょう。ハンピーはまさしく地球の〝田舎〟のような遠隔の地ですから、駆け落ちにはぴったりです。

彼の共同体は、山間民のなかでも狩猟を生業とする種族です。現代では、狩猟で生活が成り立つわけではないので、農業労働やビジネスに従事しています。もっとも得意なのは狐狩りだったそうです。わたしはよく彼をからかいました。「A・Kは夏休みになると森へ帰って狐狩りをしているのだ」と。彼は、にこにこ笑っていました。わたしたちにはゆるぎない信頼が育まれていたのです。

二〇〇〇年代になって、遂に、彼は学科主任教授になりました。

すでに述べてきたように、植民地時代からインドの教育機関はブラーミン階層にリードされてきました。どの大学でも、学科のトップ（教授）はブラーミン、というのが自然でした。当たり前のこととして受け入れてきました。

一九七〇年代初頭に大学院大学として再組織されたマンガロール大学は、地域性もあって、ブラーミンを中心とすることには冷淡でした。所在地の南カルナータカ郡は、ヴァイシャ・ヴァルナの共同体バンツの力が強く、イスラム、キリスト教徒が地域社会に大きく座を占めています。ヒンドゥは、街区によってはマイナーなのです。従って、森の民であるA・K教授の共同体も、差別、あるいは排除されることはまったくないのです。

二〇〇〇年代に入ると、文学、民俗学科にはブラーミンのスタッフはいなくなりました。それまで、地域色の強いブラーミン共同体の老教授が、サンスクリット語やカルナータカ古典文学を講じていたのですが、彼が定年になると新任ブラーミンを採用することはなくなりました。大抵は、他大学から招いてもトップに据えるのです。ですから、全国的にも、ちょっと稀有なケースです。

また、それまでの学科はひとつの研究室、ひとりの教授というイギリス・アカデミズムの遺風を守ってきました。それも消え去りました。消し去ったのです。キャリアによって複数の教授が、それぞれ研究室を持っています。学科主任教授は、学科内互選と大学の承認によって任命されています。

あたらしい大学、その機構改革による当然のこと、といいながら、A・K教授は〝狐狩り〟共同体のヒーローです。

彼の学会での研究発表は、小さな太鼓の演奏ではじまります。いつも注目の的です。彼の共同体からの報告、研究は情報化社会の現代インドでも貴重なのです。彼が育てた彼に続く研究者が多数輩出されていることも、多くの人びとにとって新鮮な驚きなのです。国際会議では、いつも花形です。彼の共同体、そして大学にとっても不可欠な存在なのです。短足で、いっこうに風采のあがらない彼が、ヒーローなのです。

8　インドを代表する民俗学者は電気のない村からきた少年だった

わたしは、もうひとりの友人のことを語らなければなりません。

彼は、すでに述べたわたしの最初の赴任地、カンナダ大学ハンピーに、客員教授としてわたしを招聘してくれた人物です。当時、民俗研究学科の主任教授でした。

一九九二年、日本で舞踊文化に関する国際学会と公開展示が企画されて、インド担当になったわたしは、足かけ三年の調査を経て、南インドの歌舞劇ヤクシャガーナを推薦、招待しました。

総勢一五名の団員をまとめ、解説、そして日本人学生のためのワークショップをおこなったのが、P・B教授でした。東京と秋田でおこなわれた会議と公演を終えて、彼はわたしにインドにくるように要請しました。

わたしは、その頃、アメリカに行きたいと意図していて、ニューヨーク、ブルックリンに個人的な事務所を開く予定にしていました。

しかし、誘われてハンピーを訪ねたわたしは、ころっと心変わりをしました。ハンピーの大学は魅力にあふれていました。一四〜一七世紀の帝国ヴィジャヤナガラの首都遺跡に大学が設置されていました。あたかも遺跡がそのまま大学の施設になっていたのです。大学はその後、近接域に大規模な建設をおこないましたが、当初は保存地域そのものに設置されていました。

広大な遺跡には、多くの壁画や建造物が残っています。民俗学科の仕事は、それらをフィールドにして、民俗的な考察をすることでした。祭礼、行事、神話、音楽、舞踊などが眠っていました。呼び覚まされるのを待っていました。わたしは、興奮を抑えることができませんでした。

P・B教授と学科スタッフは、連日、遺跡を歩きました。とりかかってみれば、そう容易なことではありませんでした。しかし充実していました。

だんだんとわかってきたのですが、インド人研究者たちは、あまりフィールドワークが得意ではありません。P・B教授は、わたしとの日本体験で、わたしのフィールドワーカーとしての資質を見抜いたのです。フィールドでの細部を集めて、全体が見通せる図面をつくる、それが人びとのどのような営みであったのかを見出す、という作業です。現代の民俗と符合するものもあり、すでに失われてしまったものもあります。いずれにしても、実にダイナミックな仕事でした。

P・B教授は、開発されたばかりの新興団地の借家に住んでいました。大学人の多くが、この団地に住んでいました。教授はわたしのために新築の借家を見つけてくれました。P・B教授宅の、すぐ近所です。それで、三日に一度は招かれて、夕食に与(あず)かりました。家族は四歳の子息と奥さん、それにお手伝いさんでした。奥さんも、町の小学校で教員をしていました。

わたしは、なにも知らずにハンピー、カンナダ大学の環境の素晴らしさに魅せられて、P・B教授に誘われるまま赴いたのですが、彼は伝説的人物だったのです。

わたしが赴任したとき、彼は三〇代後半でした。すでに学科主任教授でした。インドでは、異例に若い人材です。彼は、マンガロール大学で博士になり、講師を経て、いきなりカンナダ大学の学科主任に抜擢されていたのです。カルナータカ州では知られた俊才だったのです。

彼は、マンガロールから南東へ七〇キロほど降ったケララ州との境界地域の出身です。彼の村には電気が通っていません。二〇〇〇年代の現在でも、十数戸の寒村で電気はありません。山間農民の集落です。檳老樹（びんろうじゅ）、ココナツ、胡椒、カカオなどを栽培しています。夜はランプの生活です。彼は、往復数キロの山道を小学校に通ったそうです。高等学校（大学予科）は、バスを乗り継いだ小都市にあり、寄宿生活を余儀なくされ、「こんな家から遠いところはいやだ」と泣いて父親を困らせたそうです。

博士論文は、彼の共同体の習俗や通婚についてだったそうです。出版されたその本は、いまでも語り草になっています。ヴァルナでいうとヴァイシャ（第三階層）で、カルナータカ南部では、けして小さな共同体ではないのですが、彼の出身地と環境は最低の扱いを受けています。

小学校から博士課程まで、彼は奨学金で育ちました。大抵は、学部程度までで援助を止められるのですが、優秀な学徒であったことがうかがえます。

そして彼の伝説を彩るもうひとつは、ハンピーの小学校に職を得ていた奥さんがブラーミンだということです。妻、Sさんの家系はアラビア海沿岸の寺院都市ウドゥピーが出自の由緒正しい高位のブラーミンです。何代か前に、郡部に新寺院が創設され、それにともなって南カルナータカに移住してきたとのことです。

Sさんも、A・Kさんの奥さんとおなじように、P・B教授が非常勤を勤めていた学部大学の学生でした。「教え子に手を出すなんて……」と、わたしはよくふたりをからかいました。すでに触れたように、P・B教授の博士論文には、自らの共同体の通婚に関する論述がありました。教授は、その「掟」を破ったのです。彼にとっては、研究と実践を現実化するものだったのです。

わたしがハンピーに赴任した翌日、A・K氏が訪ねてきたのは、実はP・B教授に就職依頼にきていたのです。マンガロール大学で、一〇年近い先輩になるのです。

P・B教授とSさんは、当人ふたりが結婚の約束をしてから七年の歳月を要したとのことです。Sさんは、実家に幽閉されて会うことが許されませんでした。Sさんは、大学時代の同級生に手紙を託して連絡を欠かさなかったそうです。

インドの結婚には、ダウリと呼ばれる持参金が重要です。悪弊と言われ続けながら、現代でも問題を起こしているのが現実です。ヴァイシャとブラーミンの結婚には、普通ではない困難がありました。P・B教授の父親は、多大な犠牲を払って整えたとのことです。単純に新婦から婚家へ、といったことは、ブラーミン家には通らなかったのです。

現在、P・B教授はニューデリーに活動拠点を移しています。九六年にスカウトされて、アメリカ系の財団にディレクターとして勤務しています。南インドを代表する研究者と目され、ドラヴィダ文化アナリストの第一人者の位置を得ています。

日本でいえば銀婚式を迎えようという夫婦は、ほんとうに仲良しで、Sさんはニューデリーの小学校で教鞭をとっています。幼児だったひとり息子は、大学を出て会社勤めをしています。傍目にはカーストを打ち破って禁断の恋に結ばれた情熱夫婦、などという気負いはまったく感じられません。しかし語りだせば、近、現代のカーストに対する、激しい怒りと憎しみがほとばしります。

9 マイクロソフト新CEOは南インド人

現代インドの経済拡大と発展は、農業政策と教育改革にありました。九〇年代初頭、インドから飢餓がなくなりました（181頁「3章3 非土地所有農業労働者「ダリト」」）。飢えなくなったインドは、子弟を高等教育に送りだしました。一九九一年に暗殺されたラジヴ・ガンディは首相在任中（〜八九年）、高等教育の振興を唱えました。その後を受け継いだ野党だった人民党政府も、振興政策を推進しました。ラジヴの提唱した教育振興策は、現代のインドでも生きています。特に、地方での高等専門教育のための公的基金の設立などは、アカデミズムを越えた実学に寄与しています。医学、薬学、そして理工学科の充実をもたらしています。野党だった人民党は、ラジヴ暗殺後、国民会議派（コングレス）から政権を奪取しましたが、教育政策は受け継いで、より強力に推進したのです。

　九〇年代半ばに爆発したインドＩＴ産業は、この最大の成果です。先端教育としてのＩＴは、数年で世界を導く産業に成長したのです。九〇年代後半には、アメリカのＮＡＳＡ航空宇宙局のスタッフメンバーに多数のインド人技術者が登用されています。驚愕でした。わたしは、まさにこの時代のインド教育界に立ち会っていたのです。

　九五年、コンピューター教室は地方の小都市にも出現しました。理系の大学を出たインストラクターが教えていました。商店主や小企業に勤める若者が生徒でした。帳簿やコンピューター化されたレジスターを使うのが目的でした。たしかに玉石混淆で、すべてが高水準とは言えませんでした。しかし、インドの人口構成から推察すると、限りなく深い層が関心を寄せて、生活に導入しようという熱意は有り余るほどでした。この時代に底辺は養われたのです。それがインドＩＴ立国ともいわれた深い深度と広大で肥沃な人材の裾野だったのです。

　ソフト関連会社は年毎に増殖、肥大していきました。インド、特に南インドには大小のＩＴ企業がひしめいています。当初は海外企業へのアウトソーシングをサーヴィスしていたのですが、現在は、全方位的なソフト開発企業として産業化されています。九〇年代後期には、南インドのカルナータカ州都バンガロールにＩＴセンターが設立され、東洋のシリコンヴァレーと称されました。

　ＩＴ企業にはカーストを遵守しようという事務所は、きわめて稀です。ない、といっていいでし

バンガロールＩＴセンター：東洋のシリコンヴァレーといわれている

ょう。新しい教育制度で育てられた人材は、能力本位の序列以外に受け入れる必要がないのです。ヒンドゥ・ブラーミン出身者とムスリムの若者が机を並べる、というようなことは普通になっています。

アラビア海沿岸のマンガロールは、教育都市として学部大学が二〇近く存在し、毎年、バンガロールへ人材を供給しています。現在では、アンドラプラデッシュ州ハイデラバードにもＩＴ集中団地が出来ています。

二〇一四年二月五日、世界をビッグニュースが駆け巡りました。

マイクロソフトの新しい最高責任者（ＣＥＯ）が任命されたというのです。マイクロソフトとしては第三代目のＣＥＯになります。世界最大のソフト開発会社のＣＥＯです。相当のニュースヴァリューがあって当然です。次いで、新CEOになったのはインド人で、インド国籍（アメリカとの二重国籍者）だと伝えられて、にわかに周辺は騒がしくなりました。

名前はサティヤ・ナデラ、一九六七年の生まれで四六歳（当時）、出身はアンドラプラデッシュ州ハイデラバード、そしてマンガロール大学に在籍していた、というのです。わたしの周囲がざわついて当然です。

10　社会はカーストを空洞化する

ナデラ氏は、ハイデラバードからカルナータカ州のマンガロール大学に来て、しかし、コンピューターを学びたかった彼は、失望しました。彼がマンガロールに来た頃、大学にはコンピューター科学研究科はありませんでした。周辺のミッション系や私立には創設されていましたが、大学は、出遅れていました。

ハイデラバードからマンガロールは、隣接する州とはいっても、バスだと当時、一八時間以上、列車でも二〇時間を要しました。わたしにも経験がありますが、長い旅です。

彼は、クリケットに熱中して不満を解消していたようです。それでも、マンガロールで学んだ電気工学は、よい体験だったと述べています。

マンガロールでの学業を放棄して、彼はアメリカへ留学します。ウィスコンシン大学コンピューター学科で学位を取得しています。

一九九二年、ソフト関係の仕事をしながらシカゴ大学の修士課程で経営学を専攻していたとき、マイクロソフトに誘われて、入社します。二〇代半ばでした。入社後も、修士課程修了まで学業を続けました。シカゴとマイクロソフトの所在するレイモンドの距離を通うのは、容易なことではなかったと想像できます。

すでに述べてきたように、アラビア海沿岸のマンガロールは中世からの港湾都市であると同時に、現代インドを代表する教育都市でもあります。

ナデラ氏が、この教育都市を目指し、もっともよく知られた公立のマンガロール大学に向かって故郷を離れた動機は、疑うことなく理解できます。時代は八〇年代半ば、ナデラ氏は、二〇代はじめだったでしょう。それから数年後、キャリアを評価されてマイクロソフト入社になります。目的地に走り込むようなスタートがマンガロールだったということになります。

わたしは、森の狩猟民出身のA・K主任教授、電気のない村から身を起してきたP・B博士、そして三代目のマイクロソフトCEOに就任したサティヤ・ナデラ氏と、三人の人物を辿ってきました。

P・B博士はインド独立開放後、インド共和国が憲法を制定し、ようやく国家建設の指針を明らかにしてきた時期に生を受けています。いうなれば、いい意味でも、その困難性においても、新生インド、独立インドを体験してきた世代です。

また、狩猟民を出自にするA・K主任教授は、P・B博士世代の後継で、インドが高等教育制度を改革し、奨励した時代の申し子でした。

インドの高等教育、特に理系教育の振興は、八〇年代末からのラジヴ・ガンディによる政策が大きく寄与し、ITのステージで世界的成果を上げてきたことはすでに述べました。

しかし、ラジヴの理念と実行には下地がありました。大きな背景があったのです。

地方における新制大学の改編、新設は、すでに七〇年代からはじまっていました。多くの地方大学が、七〇年代に改編、創設されています。たとえばマンガロール大学も、市内の中心地に学部大学に併設されていた研究科が、郊外の広大な地に、学部を大幅に増設して設置されたのは、七一年です。

インドは言語環境が複雑です。独立時、一州一言語をポリシーとして共和国を成立させました。一口に一五〇〇の地域言語があるといわれている亜大陸（半島）です。[注4] 40％台の流通率であるヒンディ語と準国語である英語のみの教育体制では、就学率に限界があって当然です。

七〇年代からの教育改革は、一州一言語を基本にしながら、地方言語での教育、教室での流通を承認するものでした。高等教育の普及策であると同時に地方振興策でもありました。文系では地域言語史と文学、地域政経史、地域民俗、社会学などの研究が拡充、新設されました。満を持していたのです。そして理系では、土木、建設、数理科学、医学、薬学が、地域のニーズに応じた言語で研究、開発されました。高等教育が社会還元されたのです。

Ａ・Ｋ教授、Ｐ・Ｂ博士のふたりは、七〇年代の大学改革、新制大学制度によって成長してきた世代です。ラジヴ・ガンディの時代、八〇年代末から九〇年代初頭、すでにふたりは教育現場で働いていました。どちらも気合の入った先生であり研究者でした。

とはいえ、七〇年代からの教育改革と新制度は、かならずしもすべての研究課題が轡を並べて進展してはいませんでした。地域格差も大きくありました。これまでに述べてきたように、ラジヴの暗殺後、彼の遺志を受け入れた後継者たちは、その歪みや凹凸を、基金や援助の制度化によって発展させたのです。サティア・ナデラ氏はその時代の先端にいたのです。

三人を細かに観察すると、それぞれ少しずつ、ほんの二、三年ですが、時代を先取りして、自身の存在を築いていています。

たとえばナデラ氏は、一九九二年にマイクロソフトに入社しています。インドでのＩＴ教育の成果が出てくるのは九二年以降、九〇年代半ばですから、少し早いのです。彼は、マンガロールでは電気工学科に学び、まっとうせずにアメリカにわたっています。

バンガロール、シリコンヴァレーへの人材供給地になった学園都市マンガロールは、ナデラ氏のような学生が方向性を示唆した、といえるのです。

ナデラ氏の短いマンガロール時代に触れた教育関係者は、彼のCEO就任直後、わたしに「嬉しくて、嬉しくて……」と涙を浮かべて訴えました。けして優等生ではない彼の快挙を絶賛する老教育者には、複雑な感慨があるのです。彼に満足な教育を施せなかった痛みとそれを克服したまっすぐな彼の野心を称讃せざるを得ない立場にいるのです。

ナデラ氏は、テルグ語が州の公用語であるアンドラプラデッシュ州からカンナダ語のカルナータカ州マンガロールへやってきました。それからアメリカに飛んでいます。彼は、異教徒や異種の人びとに囲まれて仕事に勤しんでいます。カーストのことなど、念頭に置く暇はないでしょう。彼の人生はずっとそうだったのです。

時代の早取りこそが、P・B博士やA・K教授にカーストを破らせ、親族による取り決め婚を放棄させ、恋愛婚に走らせたのです。

11 日系優良企業にカースト問題はない

二〇一二年七月一八日、首都ニューデリー近郊の工業団地に所在するインド自動車産業の中核を担うスズキ・モータースの工場で大きな事件がありました。

インドはいまや車社会への道をひた走っています。スズキは、そのシェアの60%近くを占めています。七〇年代からインドに進出し、インド市場を開拓してきた日系企業の代表です。まさかこの優良企業で労使問題が発生するとは誰もが信じることのできない事件でした。

労働組合に加盟する従業員と経営者側の間でトラブルが発生し、従業員が工場内の建物に放火、同社の役員を含む四〇人以上が負傷したということでした。インドのメディアは、一人が死亡、日本人数人も負傷したと伝えました。

スズキのインドでの生産台数は日本国内の一〇二万台（二〇一二年度）を抜き、世界生産二八〇万台の約四割を占めています。スズキにとって、争議が長期化すれば業績悪化は避けられません。

この事件を日本の一部のメディアは、カーストによる労働者差別が原因と報じました。インドの消息通も否定しませんでした。これで一件落着という雰囲気さえ流れたのです。

インド、ならびに日本のメディアが「暴動」と報じたこの事件の背後には、正規と非正規社員の問題がありました。それが、原因といえます。二〇一二年当時のこの工場には、約三千人の労働者が働いていました。その半数近くが、非正規だったのです。

この非正規労働者たちが、社外の労働組合に加盟し、正規との労働条件の格差是正を主張し、過

2012年7月、マルチ・スズキ社マネサール工場での暴動　写真：AFP＝時事

激な行動に走ったというのが真相でした。

　日本での非正規社員問題と似ていますが、非なるものでもあります。基本には、都市への人口流入、流動があるのです。出稼ぎです。農家の次、三男が多く、郷里では将来が見えないからです。日本の成長期を支えた七〇年代のそれとは、比較にならない巨大なものです。なにしろ人口は一二億、農業には65%近くが従事しているのです。当然、農村部は余剰な人口を抱えることになります。デリー郊外の新興工業団地ハリアナ州グルガオンには地方からの出稼ぎ労働者が殺到しています。スズキの工場は、この真只中、マネサールにあるのです。

　新聞論調で説得力があったのは、このマネサール・グルガオン地域の特殊性に目をつけたものでした。

たしかに地方から出てきた人びとは貧しい非土地所有の農業労働者の生まれが多いのです。村落での厳しい経済環境を捨てて、都市工業地帯へ夢を結んでやってきています。

その夢が、簡単には実現するものではないという現実に直面したとき、深い絶望感にとらわれた、と理解することは難しくはありません。今回の事件は、こうして起こったのです。

この事件は「カースト」による差別や理不尽が引き起こしたのでは、ありません。

貧しさとその現実への異議申し立てではあっても、カーストの問題ではないのです。

スズキの非正規社員の多くは、北インドの農村出身者でしょう。ブラーミンを最上階とする一般の物言いに倣うなら、低階層の出身者ということになるでしょう。そして、貧しい生活を強いられてきた人びとでしょう。しかし、だからといって、この事件の原因をカーストに求めるのは間違っています。

もともとスズキは、雇用に際してカーストを顧慮する採用とは無縁でした。鈴木修会長は、ある経済紙のインタビューで、「カーストのことなど考えたこともない」と明言しています。

スズキは、この事件の背景にカースト問題があるなどといわれて、片腹痛いどころか呆れていたでしょう。

スズキは、カーストどころか異宗教共同体のイスラム教徒(ムスリム)やキリスト教徒なども同じ職場に働く体制を維持してきたのです。職場の内側から「カースト」を無視、あるいは否定する環境をつくってきていたのです。

今回の事件で、スズキの側に問題があったのは、日本だけではなく、中国やバングラデッシュなどでも浮上してきている非正規労働者の扱い、その制度的な対応に不備があったということです。

ちなみに、スズキはほぼ一か月で工場再開にこぎつけています。その後、二〇一四年五月、政権を勝ち取ったナレンドラ・モディの出身地盤で、彼が州政府首班を勤めていたグジャラートにも工場を建設し、現在、三か所の拠点で、インド随一の生産力を維持しています。

ところで実は、カーストはインドには存在しないことになっています。独立開放後の一九五〇年、インドの政治、経済、教育、社会のあらゆる分野でカーストによるとみられる弊害、機会均等の不平等を法的に禁止したのです。

すでに述べてきたように、それ以前、イギリス統治時代、すなわち植民地時代は、あらゆる分野での人材の登用、高等教育や中央、地方の公務員、銀行などの指導的職域は、最上階とされたブラーミン階層を中心に与えられてきました。正確には、法的な制度とはいえなかったのですが、結果として最上階ブラーミンが、社会の中枢を支配していました。こうした傾向が強化され、一種の制度化されたのは、実は、近代の、一五〇年そこそこのことなのです。

12　カーストは幻想の産物

わたしと読者が基本的な認識として共有しなければならないのは、カースト（四種姓〈ヴァルナ〉）という人間の存在を規定した考え方は、ヒンドゥ教義、言い替えればヒンドゥイズム内部のものだ、ということです。キリスト教徒、イスラム教徒、ジャイナや仏教徒、シク教徒とは無縁の存在なのです。そして、膨大な多数派である地母神や森羅万象を信仰するエコロジカルで民俗的な思想の持ち主たちも、本来、ヒンドゥではないのです。彼らは、ヒンドゥイズムが浸潤してくる以前から、農耕や漁撈〈ぎょろう〉、山林の生活に自然のサイクルを適合させて生きてきたのです。やがて、ヒンドゥ・ブラーミンは哲学的理論武装によって、これらの〝地〟に生きる人びとを習合、理論として混淆していきました。

ヒンドゥイズムの浸潤には地域によって時差があり、南部のドラヴィダ族、ヒマラヤ山麓の国境地帯など、非アーリアの異種民族の人びとは、現代に至るまで民俗的で生活密着の思想を保ち続けているのです。ときにトライブ（部族）などと呼んで、あたかも下等な非文明の人びとのように扱っています。ほんとうは、彼らにヒンドゥイズムは浸透していないのです。

最悪の植民統治を歴史に残したイギリスをはじめ、カーストの語源を提供したポルトガル、スペイン、フランスなどは、実は、インドに対して抜けきれないカーストアレルギーがあったのです。

イギリス高等弁務官たちは、膨大な裸足（はだし）の民を支配するには、慇懃（いんぎん）で礼儀正しく、英語を学ばせれば、たちまち上達するブラーミンを先兵にすることが最善の道と認識したのです。カーストが植民地時代の近世、近代に最大の増殖と固定化をしてしまったことは、語りつくしてきました。

支配欲にひた走ったイギリス東インド会社弁務官やネイポップと呼ばれたインド成金とは別に、ある種の善意をもってインドに対した人びともいました。

〝ある種の善意〟の人びととは、主としてインドへ赴いた宗教者、そして、さまざまな意味での反英活動家たちのことです。アメリカ、アイルランド、フランスなどの、イギリス統治に疑問や不満を孕（はら）んでいた人びとです。

彼らは、インドに文明、文化をもたらしたいと努力しました。教育の西欧的制度化や生活習慣などです。お風呂の習慣がない、半裸、裸足で労働する、といった類のことに驚愕したのです。

この手の光景は、ついこの間までの日本だってそうでした。沿岸漁業の砂浜では、男女ともに裸で仕事をしていました。わたしの子ども時代には、普通でした。ステテコにカンカン帽の植木等のようなオジサンが街を闊歩（かっぽ）していました。それを非文明とでもいうのでしょうか。こうした光景は一九六〇年代後期、日本経済が高度成長時代に突入していった頃まで見られました。

西欧からやってきた〝善意〟の外来者たちは、どこか頓珍漢（とんちんかん）でした。やがて、インド人たちを頑迷で難しい人びと、謎に生きる人びとと解釈しました。さらに、その分厚い人口の膨大さにアレルギーをきたしました。

それでも、真摯で善意の外来活動家たちは、飽かずに努力しました。心の底にインド症候群を病む自身を自覚しながら、しかし誠実でした。諸悪のすべてはカーストにある、とモンスターを幻想していたのです。そして結局、言語による意志疎通可能なブラーミン階層とのみ〝善意の事業〟を進めたのです。山野、海浜の少数派は放置されたままでした。ただし、クリスチャンは例外でした。彼らは一九〇〇年代には、英語が堪能になっていました。ミッションスクールの教育は、変化していたのです。

教育制度や少数派共同体に真正面から取り組むことができるようになったのは、すでに述べてきたように、わたしが例示したA・K教授やP・B博士の出現以降なのです。インドが、経済大国への道を歩みだした時代です。もちろん、彼らは徒に外国人との接触を拒んだりはしていません。彼らふたりは、洗練された国際感覚を持ち、植民地時代の善意の外来者とは異質の人びとと、対等に交わってきたことはいうに及びません。

日本人はアレルギーを起こすなんてことは、本来、ありません。半裸や裸足に驚くこともありません。もっとも、近年では裸足のインド人は、発見するのが難しくなりましたが。なによりも、日本人は、ヒンドゥイズムが習合してきた民俗的な思考や農耕にまつわる自然崇拝を共有しています。

カーストは、日本人にとって、それほど理解不能なものではないのです。

この章では、スズキ自動車の労働争議について触れました。一部のジャーナリストは、カースト問題だと書きました。わたしは、それは間違っていると述べました。スズキがカーストのことなど、まったく考慮することなく事業を進めてきたことはよく知られています。

日本は、インドへの進出、連携を強固にしていかなければなりません。スズキに学ぶことは、スズキという社内共同体がインド社会に、根付いているという現実です。実は、これは衝撃的なことなのです。ヴァルナの階層を越えて、異種姓、異共同体の労働者が、席を並べて作業をおこなうなどというのは、従前のインド人には想像できないことでした。

考えてみると、社内共同体の形成は、近代日本では常識でした。インドでは、非常識です。でも、日本企業家にとっては、手のうちにあることです。日本人にとって、会社は生きていくための共同体、そのものです。

マイクロソフトのCEOになったナデラ氏は、外国企業で、異種共同体の人びととの作業を、日常のこととしておこなっています。彼の半生が、地域言語や旧来の教育体系を越えてプロ・エンジニアとしての道を、ひたすらまっすぐに歩んできたことは観察してきました。

現代インドの人びとは、その実在を宿命的な「カースト」に求めたりはしていないのです。

日本人が、日本人の感覚でインドに存在していいのです。むしろ、インド人は、そういう日本人を待っているのです。そういう日本人が、ともにあらたな共同体を創造し、社会に根付くことを望んでいる、とさえいえるでしょう。

たしかに現代インドでも、外国人である日本人には理解しがたい出来事が眼前します。

結婚したい男女に対して、ときに共同体、親族は、理不尽な「名誉殺人」なる抹殺行為を白昼堂々とおこなうことが多発しています。通婚を許されない共同体男女の恋愛には、「殺す」ことを辞さないというのです。

五〇年以前は、サティといって、ある種のブラーミン共同体では、夫の死に際して、その火葬の炎に未亡人は身を投じて殉死したことがよくありました。貞操の証しだったのです。わたしの記憶では、一二、三年前にあったのを最後に、その後は伝えられていません。

また、過去二年、各地、特に北インドで、少女などへのレイプが頻繁におこっています。悲しく、情けないことですが、背後には共同体同士の確執が潜んでいるケースが見え隠れしています。いわゆるカーストの〝歪み〟です。

事件のひとつずつを詳述することは、この場ではできませんが、最近、整えられた法的処罰の厳格化によって、二次的に報復のレイプまで伝えられています。レイプしたものが、死刑を含む厳罰を受け、それに対して共同体の誰彼が、被害女性に報復したというのです。

ヒンドゥが発揮する複雑な言説や共同体への強いこだわりに直面すると、棒立ちになってしまいます。難解さを深遠さに置き換えてしまうこともあります。

原理主義的なヒンドゥイズム、共同体間にある閉鎖的で頑迷な思考、いわゆるカーストに対して、できる限りの知識を養うことは必要不可欠です。インドに関わる必須条件です。しかし、知識を蓄えることと、目前にする現実に知的に対応することは、根本的に違う、ということを肝に銘じなければなりません。

西欧の「善意の人びと」が冒した誤りを、インドの現代に生きようとする日本人は、やってはならないのです。

とはいいながら、わたしには大きな不安がありました。

日本人の多くが、幻想モンスターとしてのカーストにとらわれている言説を、いやというほど投げかけられてきたからです。この章では、そうしたモンスターの払拭（ふっしょく）に働きかけることを主題として、語ってきました。

最後に付言すれば、レイプや名誉殺人は、近代植民地時代にゆがめられた共同体が、現在も未来展望を獲得できず、喘（あえ）いでいるのだと理解しています。少数派共同体が置かれている社会的格差、経済、政治、行政から置いてけぼりにされている現実は、まだ解決されていないのです。インドの経済発展は充分ではないのです。

日本は、そこに働きかける思想とパワーを持っているのだ、とわたしは確信しています。わたしは、めざましいインド経済の一九九〇年代に立ち会いました。それは幸運でした。そして、二一世紀には内実化していくでしょう。その姿を見届けたいと念じています。

(注1) 江守五夫『日本の婚礼』一九八六年、弘文堂
柳田國男『明治大正史』『婚姻の話』定本柳田國男集15 筑摩書房

(注2) この挿話は、わたしの住んでいるカルナータカでも広く伝えられています。ダイヤモンドは、長官となったピットの、タミール・ナドゥ州マドラスとカルナータカ州の境界地帯に産出したのです。時代は遡りますが、一四世紀、幻の帝国といわれた南インドのヴィジャヤナガラを訪ねたポルトガル人は、レモン大のダイヤが売られていたと証言しています。ちなみに現代インドでは、ダイヤ産出はゼロになりました。根こそぎ収奪されたのです。いまインドでは、ロシアのイエローダイヤ、南アフリカのブルーダイヤが人びとの垂涎の的です。インド人は金銀宝飾が好きなのです。
　ピット・ダイヤモンドについて、日本では、小林章夫『物語 イギリス人』(一九九八年、文春新書)に採集されています。イギリス文化、文学研究者である著者には多くの著作があります。なかでも特にこの本は、平易な読み物でありながら、楽しく鋭いイギリス論になっています。

(注3) 異宗教共同体や少数種族を「カースト」というのは、本来、間違っています。すでにたびたび述べてきたように、カーストの質実であるヴァルナ(種姓)は、ヒンドゥ内部のことであり、異教徒や少数種族(非ヒン

ドゥ）に及ぶものではないのです。現代にあっても、大新聞でさえ、異教徒、少数種族を「カースト」と呼ぶことが横行しています。たとえば「××地方トライブ（部族）の○○カースト」「○○地域のムスリム・カースト」というようないい方です。こういう言説に惑わされることは避けなければなりません。

（注4）独立以前のインドは、パキスタン、アフガニスタン、ミャンマーの一部、バングラデッシュ（東パキスタン）などを加えた地域を植民地体制のもと、〝インド〟という括りで扱われてきました。独立後は、分離したパキスタンをはじめ、それぞれ独立国家、あるいは地域として自立体制を持ちました。インドは、亜大陸から半島に純化されたともいえます。それで、独立開放後のインドは、半島と呼ぶのが正しいとおもえます。

2章

新首相ナレンドラ・モディ

二〇一四年五月、インドに新政権が誕生しました。

三月から各州で展開された全国統一選挙で勝利した野党人民党(バラティア・ジャナタ・パーティ)(BJP)が政権を奪取したのです。人民党は、与党国民会議を圧倒して勝利しました。文字通り圧勝でした。

過去一〇年、政府を組織していたマンモーハン・シン内閣は野に降りました。すでに、八〇歳になったシン首相と政府は、二〇一二年頃から、死に体(レイムダック)と噂されていました。

二一世紀初頭から、九〇年代の好調を継いで経済拡大路線を華々しく推進してきたマンモーハン・シンのインドは、世界経済環境の悪化を浴びて失速していたのです。特に二〇〇八年のリーマンショックは、インドにも大きな影響を及ぼしました。

経済学博士でもあるマンモーハン・シン氏にとって、経済は他の追随を許さぬ分野であり、事実、そうだったのです。段階的に海外からの投資規制を緩め、金融市場の拡大、拡充に努めてきました。インド経済への貢献は大きく、国民からの支持も厚く強固でした。しかしそれは、彼の政権の前半期、数年間でした。

後半期になると、政治家、官僚による汚職、堕落、腐敗が次々と告発され白日に曝されてしまったのです。

与党国民会議派(コングレス)と政府閣僚に至るまで汚染されていました。マンモーハン・シン博士自身は、稀に見る清潔な人品で、およそ汚職や腐敗とは無縁でした。にもかかわらず、彼が任命した閣僚、高級官僚が際限のない堕落の道に陥っていました。国民は、コングレス与党に不信を深め、絶望したのです。末期のシン政府は、自浄能力を失ったばかりか再生のチャンスも見いだせませんでした。シン前首相個人に対する国民の信頼感にも限度がありました。

そうした会議派(コングレス)を襲ったのが、グジャラート州首班だったナレンドラ・モディだったのです。ナレンドラ・モディとは、どんな人物で、なにをインドにもたらそうとしているのか……、彼を知ることは、世界視野での現代インドを知ることにもなるでしょう。

1　新首相ナレンドラ・モディと出身地グジャラート州の地政、歴史

汚職、堕落、とめどない腐敗、そして経済の停滞という、与党会議派(コングレス)にとっては最悪の情勢のもとで、二〇一四年統一選挙のキャンペーンは開始されました。

一年前の二〇一三年初頭から、グジャラート州首班ナレンドラ・モディの全国規模の遊説活動がはじまっていました。モディのキャンペーンは、彼自身の野心に満ちた精力的でめざましい活動だ

ナレンドラ・モディ、2015年

ったのですが、それ以上に、モディ自身が野党人民党の政権獲得への意欲を煽りたてたのです。人民党（BJP）は一三年初頭、首相候補としてナレンドラ・モディを正式に指名してはいなかったのですが、彼の遊説活動ははじめられていました。人民党（BJP）は、モディに煽られ、引きずられたのです。

三月になって、翌年に控えた全国統一選挙への対応が、地方都市の政治活動家、地域政党を含めた各党の運動家たちの間で話題になってきました。街角のあちこちに白髭で初老のポスターが出現してきました。たちまちのうちに、というのはひと月もしないうちに、デリーやバンガロール（バンガルール）のような大都市の街角ばかりではなく、人口一〇万前後の田舎町にも白髭が微笑んだポスターの波が襲ってきたのです。各地の野党人民党の組織が、相当に熱を入れているだろうことが想像できました。

それに引き替えて与党会議派（コングレス）は、完全に出遅れていました。故ラジヴ・ガンディの遺児、会議派幹事長のラフルが首相候補と目されていました。しかし、彼は閣僚経験がないまま、政治家として育ってきました。そうした彼の首相としての力量に疑義を唱える党員たちがいて、意思統一ができなかったのです。なにより、彼には政治家として全国的に湧き立つ支持、人気がないのです。人物の善さは、滲み出ていて理解されるのですが、ぱっと人目を惹く〝花〟がないのです。

すでにシン内閣末期からインド経済は停滞していました。モディは、その厳しい状況を引き受けなければなりませんでした。しかし彼には、グジャラート州を経済発展に導いた実績があります。シン内閣末期の経済停滞を、ナレンドラ・モディは、好機（チャンス）と理解したはずです。会議派（コングレス）の政策を批判し、グジャラートの成功を国政に実現する、この主張は多くの国民に期待と共感を与えたのです。

ナレンドラ・モディは西インド、グジャラート州の首班を二〇〇一年から務めていました。国政選挙に勝利した二〇一四年まで、その在任は州はじまって以来の長期政権を保っていたのです。その間、工業団地、特別区の開発を推進し、一時は、インド最大の経済都市ムンバイを擁するマハラシュトラ州を越える投資実績をあげました。日本をはじめとする外資はもとより、関連する国内産業の呼び込みは、就労人口を拡大し、経済活動を活性化しました。

グジャラート州の南部にはインド第三位の広大な面積を誇るマハラシュトラ州が威圧するように控え、東部はパキスタン国境に接しています。アラビア海に突きだした半島はインドの州では最長の海岸線です。地政的にはけして容易な環境ではありません。すでに一〇世紀頃から、アラビア域からのイスラム教徒（ムスリム）の浸潤と戦う歴史を刻んできています。史上、数度の戦争を経験しているのです。

近世には、イスラム王朝ムガルの領有に降（くだ）っていました。グジャラートの植民地体験は、ムガルとイギリスに狭窄（きょうさく）された非常に特殊なものでした。インド独立以来、分離したパキスタンとの二次にわたる戦争を、隣接地域として経験してきました。州内での戦闘行為もあったのです。

その後、現在に至るまで、パキスタンばかりではなく、アフガニスタン、イラン、イラクなどから流入してくるイスラム過激派の脅威、緊張に曝されています。原理的なヒンドゥイズムを支持基盤にしている人民党（BJP）が、ナレンドラ・モディを首班として長期政権を維持できたのも、そうした地政的な条件が大きく作用しているのです。政治家ナレンドラ・モディの人物像も、こうした地政的環境に育まれてきたのです。

経済的には、隣接するマハラシュトラの州都ムンバイ（ボンベイ）は、インド髄一の経済都市であり、鉄道、航空路から金融市場まで、現代インドの拠点として君臨してきました。

隣接するマハラシュトラ州の約半分の面積と人口しかないグジャラート州は、農業も植民地時代に生産をはじめた綿花、加えて煙草、そして米などの自給を賄（まかな）うのがせいぜいという土地柄です。マハラシュトラ州の広大な綿畑の生産性に及ぶべくもありません。北部と接するラジャスタン州もマハラシュトラに匹敵する広大な面積を誇り、多様な農産物に恵まれています。農業国インドにあって、グジャラートはまったく異質な土地柄なのです。

植民地時代、独立後、そして二州分離の歴史は、貧しい地域でした。海外移民を多く輩出しました。東アフリカ、イギリス、アメリカ大陸への移民は、ほとんどがグジャラート地方出身といわれていました。そのなかにマハトマ・ガンディがいました。グジャラートは彼の出身地なのです。グジャラート州はアラビア海に面しています。いくつかの小港湾都市を擁しています。インドでもっとも長い海岸線を誇っています。

主要な経済活動は、古くからの港湾によるものでした。ムンバイの後塵を拝しつつ、交易を中心とした商業活動で凌いできた近代、というのが現実です。

一九八〇年以降、グジャラートは変貌を遂げていきます。長い海岸線の沿岸部に多くの工場を誘致して、内陸部に広がる工業地帯を形成したのです。

経済都市ムンバイと北部内陸を結ぶ交通要路としての商業活動の活発化が、ようやく八〇年代にやってきました。それに乗じた工業地帯の建設は、地の利にかなった経済政策でした。インドにしては小さな州であるグジャラートは、生存の道を見出したのです。二〇〇〇年代には、インド工業生産の40％超を記録するまでになっています。伝統的な製塩、ソーダ灰、セメント、そして石油精製、化学薬品、肥料、自動車産業など、現代インドのニーズに応える工業生産活動が、ここには出揃っているのです。

二〇〇一年から州首班だったナレンドラ・モディの政治活動が、こうした開発と発展に寄与していたことはいうまでもありません。

インド人民党（バラティア・ジャナタ・パーティ Bharatiya Janata Party）と支援組織

インドの政治政党は、植民地時代に端緒を開いた国民会議派（一八八五年創立）が常にリードしてきたことは、すでに詳述しました（第一章、囲み記事「インド国民会議派」）。対抗する勢力は、インド人民党（バラティア・ジャナタ・パーティ）です。人民党は、ヒンドゥ原理主義政党と目されています。しかし、その歴史は、ヒンドゥ原理主義的な傾向にはそぐわない軌跡も残しています。

ヒンドゥイズム、というと哲学的なヒンドゥ教義に裏打ちされたブラーミンたちが導く思想と行動を想像します。それで当然です。しかし、人民党は、ある時期にはムスリムや共産党を加えた政治同盟を提唱し、国権奪取への活動をしています。

人民党の「ヒンドゥイズム」とは、どういうものなのでしょう。インド現代の政治を理解するには、ぜひとも解明しなければなりません。

一九二五年、イギリス領インド帝国時代、ようやく反英民族運動が広まってきた時代に「Rashtriya Swayamsevak Sangha (RSS) = 民族奉仕団、あるいは義勇団」という組織がマハラシュトラ州ナグプールで設立されました。ヒンドゥ原理主義組織です。

インド北西部、現在のマハラシュトラ、グジャラート、ラジャスタン、ウッタラプラデッシュの一部地域などに支持勢力がありました。この地域には、すでに述べてきたように、一〇世紀から流入してきたイスラムとの相克の歴史があります。近、現代にも周辺国イスラムとの緊張関係は緩むことがありませんでした。

反イスラム教徒ムスリムということで、ヒンドゥの人びとが危機感を抱き続けてきたことは、充分に理解できます。

一九二五年のインドは、すでにマハトマ・ガンディの不服従運動（二〇年）がはじまっていました。また、詳述したように国民会議派（コングレス）は設立され、活発な活動をしていました（第一章、囲み記事「インド国民会議派（ナショナル・コングレス）」）。

国民会議派が反英民族を基軸に進める運動は、ヒンドゥイズムのインドではない、というのがRSSを設立した動機でした。英国と闘い独立自治を奪取するために、イスラム教徒（ムスリム）やキリスト教徒と共闘することは納得できないという主張は、多くのインド人が鬱々と抱え込んでいた疑念でした。RSSの説得力はそこにあったのです。

しかし、設立当時のRSSは、ヒンドゥ国家主義者たちの自発的組織集団で、政党でも、政治集団でもありませんでした。彼らは奉仕活動家（ヴォランティア）であり、内部に準軍事的な青年集団 Paramilitary を設置して訓練教育をおこなっていました。

もともとインド西部地域は、その地政的な条件から、ムスリム、クリスチャン、ジャイナ、パーシー（ゾロアスター）など多様な宗教共同体が存在していました。そうした多様な社会に芽生えたヒンドゥ国家主義は、ブラーミンのヒンドゥイズムを超越していました。もっとも活発な共同体は、カーストで第二階層にあたるクシャトリア（武士）でした。現在でもそうです。ということは、すでに述べてきたイギリス統治時代に強化され、インド社会を覆っていたブラーミン優先体制ではなかったのです。むしろ会議派（コングレス）の方が、解放後初代首相のネルーのようにブラーミン階層を出自にする指導者が多かったのです。

彼らの組織性を支えていた熱烈なヒンドゥ国家主義とは、対会議派（コングレス）としての論理でした。それが、「大衆」迎合的な側面を持ちながら育まれていったのです。

不思議なことに、カーストの国インド、といわれながら二大政党勢力は、大衆を取り込む「民主主義」を目的とした非カースト集合体になってしまったのです。

(1) ヒンドゥ国家主義

ヒンドゥ奉仕団（RSS）は、会議派（コングレス）が醸しだす宗教分離的（セキュラー）な寛容さ、言い替えれば曖昧さと一線を画していました。ヒンドゥの国家を希求するインド人達には許し難かったのです。彼らにはコングレスとその勢力下にいる民族運動家は「いい加減」以外のなにものでもありませんでした。インドは、会議派によって消滅される、とヒンドゥ主義者たちは危機感を募らせたのです。

だからといって、会議派に対抗する政治勢力として、政党として対立する勢力になる、ということではありませんでした。

独立以前のインドでは地方議会はもとより、国会さえ存在しませんでした。行政に関わる行動は、きわめて限定的なものでした。対立する政党として成立する意味も方法もなかったというのが、当時の植民地下での現実でした。政党、インド人民党（BJP）が設立できなかった、しようとも考えなかったという現実です。

野党政党インド人民党（BJP）が、その萌芽を見せるのは一九五一年でした。乱立していた地方政党を抑えて与党として揺るぎなく強固な政治基盤を持つ会議派（コングレス）に対抗して、国民大衆を恃（たの）んだ「連盟」を成立させました。ＲＳＳの支持勢力が地盤にあるインド北西部の「大衆」が、政治的勢力として成長することを望んでいたのでした。

しかし、当時のＲＳＳは、大衆、あるいは国民の実態を、どう捉えていたのか、判然とはしていませんでした。政党として成熟していなかった「連盟」、後の人民党（BJP）は、未分化で気分的なヒンドゥ原理主義だったのです。

一九五〇年とその後の数年は、憲法が発布、施行され、会議派（コングレス）主導による第一次五カ年計画経済がはじまっていました。独立後インドの民主主義体制が、ようやくその相貌を現してきた時期でした。

述べてきたように、政治論理としては明確ではなかったけれど、RSSの存在基盤は強固なもので、その活動が当時、そして独立後までのインドに大きな意味を残してきました。議会内活動を基礎的な根拠にしながら、広範な政治活動を目指した「連盟」の成立には、RSSの強力な支持と支援がありました。というより、むしろRSSの主張と圧力が国民大衆基盤の「連盟」を成立させたのです。

RSSは、一九二五年に設立されています。イギリス植民地からの独立開放という激動の歴史をはさんで、二五年余を経てのことです。

一九六〇年、RSSと連携する世界ヒンドゥ協会（VHP）が設立されました。世界に活躍の場を求めたヒンドゥ主義者たち、多くはインド国内でRSSの洗礼を受けた人びとが、世界規模のヒンドゥ支援組織を結成したのです。彼らは、世界各国で就労し、あるいは事業を起こして、ときに「印僑（いんきょう）」とも呼ばれる活躍をしています。現在も、しているのです。

一九七〇年代になると、インド全域での州の自治、州議会活動が、活発になってきました。各州は、国家インドの以前に地域文化、産業の特性、そして、ふさわしい地方行政を模索しました。当然、国政に対しても地方の特性を主張する政党が各地に出現してきます。インドの地方政党の強さは、二〇一〇年代にまで受け継がれて、中央政界を左右しているのです。

一九七七年、国政選挙を目指した「連盟」はジャナタ（人民）党を結成し、政治連合体を提唱しました。イスラム教徒（ムスリム）や共産党も連合していました。後の人民党（BJP）は、その中核にいました。そして当面の国政選挙には勝利しました。しかし野合と批判された連合は、短い生命力しかありませんでした。連合の瓦解を教訓に、政治的な方針を問い直す作業を経て、人民党（BJP）の結成を視野に納めていきました。

(2) インディラ・ガンディとヒンドゥ主義者

後にインドのサッチャーと称されたインディラ・ガンディ政権は、脆弱な野党勢力の存在もあって、その施政は強引で、強権的でした。彼女には、父ネルーや独立期の政治活動家たちの情熱を再現したいという願望があったのでしょう。彼女が描くインドの未来、その理想像は、現実のインドとは乖離していたのです。ヒンドゥ主義者たちは、激しい闘争を展開しました。ときに非合法でさえありました。

インディラ政権は、間隔をおいて第三次まで続けられました。すでに述べたように、一九七七年、ジャナタ党連合による政権奪取は、インディラ二次政権のときだったのです。

インディラ・ガンディという政治家は、父ネルーの後を襲った一九六〇年代当時は、父の衣鉢（いはつ）を伝えるマスコットとおもわれていたのですが、その強権的な実行力は、後のイギリス宰相サッチャーよりも強引でした。

インド通貨が危機に陥り、国際環境、アメリカとの関係悪化に立ち向かうためにインドの民間銀行一四行を国営にするといった強硬策をとりました（一九六九年）。社会民主主義を超えた社会主義下のような統制経済です。ジャナタ党、ヒンドゥ主義者たちは激しく抵抗しました。しかし、ヒンドゥ「連盟」から「ジャナタ党連合」への政治的推移は、多数の国民の理解を得ることはできませんでした。彼らジャナタ党のヒンドゥ主義者たちが、なにを国民にもたらそうとしているのか、理解しにくかったのです。実は、ジャナタ党連合内部でも、明確な理論的意思統一は、できていなかったのです。

インド人民党（BJP）の正式な設立は、意外に遅く一九八〇年です。第三次インディラ・ガンディ政権の時代です。ヒンドゥ主義者たちは、激しい危機感に襲われていました。政治党派としての方針、はっきりした闘いのマニュアルが求められていました。的確な政治方針を見出せず戦術化できずにいた人民党（BJP）の眼前に、会議派（コングレス）と攻勢を強めるインディラ・ガンディの存在が、立ちはだかっていました。政治戦略の対象としてインディラ・コングレスを批判しつくすことがヒンドゥ主義者たちの生存の道だったのです。インディラを目前の敵として対峙することで自らを鍛える、と自覚したのです。カースト共同体、産業経済、金融、都市化などなど、コングレス、インディラの綻び(ほころび)を検証し政策化する、それが、人民党(BJP)が政権奪取可能な野党になる道だと自覚したのです。

そうした発想に大きく寄与したのが支援組織RSSでした。RSSの一部、特に穏健派は、人民党が政治党派として成長することを切望していました。産業界、金融界の一角にあるヒンドゥ主義者は、功利的で現実的な人びとでした。インド人民党(BJP)は、支援組織が創りだした政党だった、といえるのです。

一九八〇年、インディラの第三次内閣が発足します。人民党（ジャナタ党）は総選挙で敗れました。人民党は、インディラの会議派(コングレス)への批判を性急に進めるあまり、迎合主義(ポピュリズム)の弊に陥ったのです。

インディラ政権は選挙違反、汚職、腐敗に汚れていました。それをあげつらうことは遊説の場では喝采を受けました。しかし、国民、選挙民は人民党のはっきりとした政策、施政方針を受け取ることはできなかったのです。その場の喝采に溺れた人民党は、総選挙に敗北してしまいました。

一九八四年、インディラ・ガンディが暗殺されました。

世界は、インド政治の不可思議さに呆然とし、理解不能の迷宮に堕ちこんでしまいました。不幸なことに、一九九一年、母インディラの後継になったラジヴ・ガンディもまた、暗殺に倒れたので

ラジヴ・ガンディ、1988 年

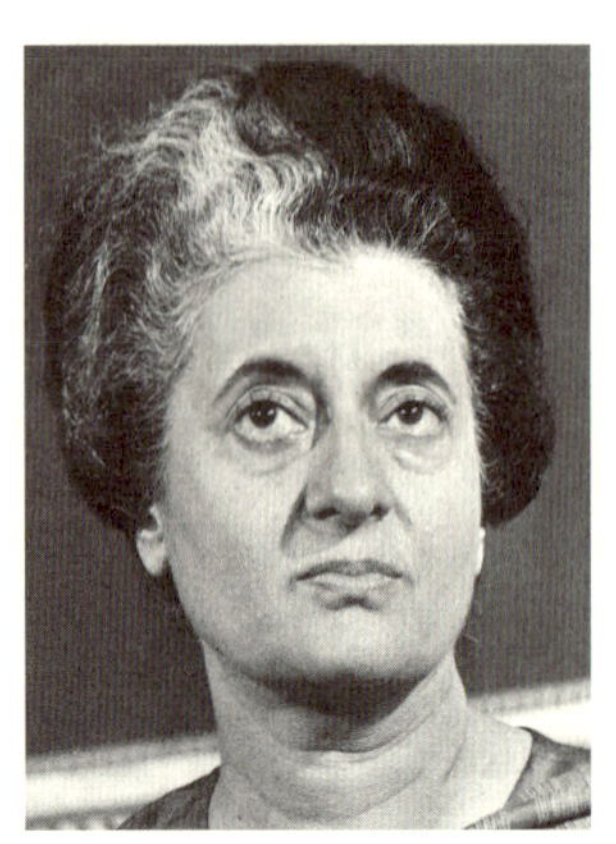

インディラ・ガンディ、1977 年

す。

　ラジヴは、政治とは無縁に生きていたのですが、母の不慮の死を弔うべきという周囲の強い要請によって会議派（コングレス）の顔として立てられました。人柄は高潔で、それまでのインド政界に無かった存在感で、好感をもって迎えられました。もとより政治技法を駆使するというようなことのなかったラジヴの提唱した政治課題は、実は新鮮でした。

　彼は二期目の選挙運動中に倒れましたが、その提起した問題意識は、その後の人民党（BJP）政権にも受け継がれていきました。九〇年代の経済発展の波に乗った教育、農業、そして産業振興は、人民党政権の重要な政策になっていったのです。

　ラジヴ後の政権は、相変わらずの国民不在、腐敗した会議派（コングレス）の自滅行為で潰（つい）えましたが、受け皿となる人民党（BJP）も迎合的な与党批判に終始していました。一九

インド人民党ＢＪＰとヒンドゥ奉仕団ＲＳＳ

1925 年	RSS 設立
1951 年	インド国民大衆連盟（後のＢＪＰ）
1960 年	世界ヒンドゥ協会 VHP 設立
1977 年	ジャナタ党・大衆連合
1980 年	インド人民党 BJP 結成
1996 年	三か月政権
1998 年	BJP・A. ヴァジペイ政権　～ 2004
2014 年	BJP・N. モディ政権

九六年、連立政権を樹立しましたが、三か月で放棄せざるを得なかったような状態でした。

一九九八年、ようやくインド人民党（バラティア・ジャナタ・パーティ）は政権を奪取しました。首相になったアタル・ヴァジペイは、故ラジヴ政策のいくつかを継承し、国民に向き合う政治をおこなう行動力を発揮しました。インドの歴史上、はじめて体験する経済発展が、後押ししたことはいうまでもありません。

人民党(BJP)は、政権を担う力量を獲得したのです。

ヴァジペイ政権は、二〇〇四年、総選挙に敗北し、会議派(コングレス)に奪われました。その後、述べてきたように、二〇一四年、ナレンドラ・モディの圧倒的な勝利によって、人民党(BJP)は復帰したのです。

余話　インド人民党（BJP）の支持者たち

一九九八年、統一選挙の直前、わたしは大学内の空気が、微妙に変わってきていることに気づきました。インドの国政選挙では、大学にも与党、野党の地域候補者や関係者が遊説、キャンペーンにやってきます。職員を含めた大学関係者が聴衆です。学生も参加自由です。日本では、考えられないことです。

会議派（コングレス）、インド人民党（BJP）、どちらも屋内講堂で講演しました。しかし、常とは違って人民党の方に多数の聴衆が集まりました。

大学関係者は、伝統的に会議派（コングレス）の支持者が多いのです。大学は国、州の官僚機構に組み込まれていて、会議派（コングレス）は官僚機構と密接な関係を維持しています。野党人民党（BJP）支持者は、マイナーなのです。

不思議におもったわたしは、親しい教授に尋ねました。現下の情勢と彼の考えを質したのです。大学は、州政府との緊密な関係ばかりではなく、暗殺されたラジヴ・ガンディが提唱した教育改革方針によって多大な恩恵を享受してきました。それなのにラジヴの会議派（コングレス）ではなく野党（BJP）だというのです。ラジヴの提唱を引き継ぐのは、会議派（コングレス）ではなく対抗する野党人民党（BJP）だというのです。いささか混乱しているわたしを制して、教授は断定しました。「今度はBJPだ」。そして選挙結果はその通りになりました。アタル・ヴァジペイ政権が成立したのです。それほどまでに与党会議派（コングレス）の政策推進力は低下していたのです。インド経済拡大の真っ只中でした。
このヴァジペイ内閣の時代、経済拡大・成長の時代は、インド国民の思考と精神も変えていきました。社会が変わってきたのです。

若き有権者だった九八年当時の大学生は、高等教育体制の拡充と変化の恩恵をまともに受けて、しかも、売り手市場だった社会へ飛び立っていきました。彼らに過去の貧しいインドの記憶は希薄でした。人民党ヴァジペイ内閣の都市化政策も後押ししました。格差は激しかったけれど、高等教育をキャリアにした都市流入の若者たちは、高度成長のインドを充分に堪能していました。

二〇〇〇年代に入って会議派（コングレス）のマンモーハン・シン首相の時代になると、金融、外資を含めてインド経済の拡大は、ますます強大になりました。この意味では、人民党と会議派（コングレス）の政策は継続され、軌道を外しませんでした。

都市部と農村の格差は縮まることはありませんでしたが、高等教育から排出される若者たちは貧しさを味わうことなく育まれました。彼ら、都市生活者となった新中産階級こそ、人民党（BJP）の支持者なのです。膨大な無党派層の多くが、こうした若い有権者なのです。

二〇一〇年以降、経済停滞がやってきました。新中間層は、コングレスから、ふたたび人民党（BJP）に回帰したのです。一四年のナレンドラ・モディの登場には、貧しさを忘れた無党派層の支持があったのです。現代インドのひとつの局面です。

(3) ヒンドゥ主義者たちのリアリズム

二〇〇〇年、わたしはRSS、BJPのメンバーに会うことにしました。当時、マンガロール市内の出身で、市内のミッション大学を中退して労働運動に身を投じた人物が中央政府の防衛大臣をしていました。ジョージ・フェルナンデスといっておよそインド人らしくない姓名の持ち主です。わたしは、彼に会うよりは彼とともに活動してきた人たちに会った方が、よりリアルな話が聞けると判断しました。

最長老で防衛大臣と同世代の人物の家を訪ねました。三人の人物に会うことができました。

自宅に招いてくれた最長老の彼は、ジャーナリストで若いころから防衛大臣に同伴してきた人物でした。ムンバイ（ボンベイ）の通信社に勤めていたとのことで、当時、七〇歳に近かった彼は、すでに引退していましたが、カルナータカ州RRC、BJPの重鎮でした。防衛大臣はクリスチャンですが、元ジャーナリストの彼はヒンドゥ、穏健なブラーミンです。

もうひとり、同世代の人物が控えていました。彼は、労働運動に従事してきました。やはりムンバイ拠点の運輸労連で活躍したとのことでした。おなじく労働運動に身を置いていた防衛大臣と共闘してきた「仲間だ」と表現していました。彼はヒンドゥで、第三階層の下位といわれる共同体です。防衛大臣は北インド、ウットラプラデッシュ州の鉄道労連で名を馳せ、全国労連で活躍後、政治に転進したのです。

彼らふたりは、インド髄一の経済都市ムンバイで労働運動をしてきました。ムンバイは、巨大な経済を支える労働者とその運動の全国的な拠点でもあったのです。同時に、一九六〇年代末期から七〇年代は、過激なヒンドゥ原理主義者の地域政党がはなばなしく登場し、労働運動を徹底的に弾圧したのです。会議派（コングレス）の曖昧さと闘うばかりではなく、ヒンドゥ原理主義軍団とも、熾烈な戦いをしてきたのです。クリスチャンの防衛大臣は、地方小党派の党首であり、親ジャナタ党でした。

最後のひとりは、彼らより若く、四〇代で地域の人民党の幹部でした。当然、RRCの重要メンバーです。彼が、この日の面談を取り計らってくれました。彼もヒンドゥで、カーストでいうと第三階層ですが、この地域では多数派のコミュニティに属しています。

彼ら三人は、出身のカーストやジャティがばらばらで、同席しても話題に困るような間柄です。ジャーナリスト、労働運動家、そして政治組織の幹部、と社会的立場も違っています。しかし、三人に流れる強い信頼感に、わたしは圧倒されました。

わたしは、彼らに質したかったいくつかの項目を用意して出向いていました。

①ジャナタ党時代の同盟から連合への経緯は、実際にはどういうものだったのか。あの時代、RSSの支援、後援とはどのようなものだったのか

②一九八〇年、インド人民党（BJP）の正式な発足への経緯とRSSの支援活動

③ヴァジペイ政権成立と人民党（BJP）の活動

などでした。わたしは、生々しい当時を生きた活動が知りたかったのです。また、政権二年、ヴァジペイ内閣をどうおもっているのか、内部からの率直な発言を求めたのです。

彼らは、楽しそうに応じてくれました。そしてお互いの経験、見聞に、あらためて「そうだったのか」というような確認や、忌憚（きたん）のない訂正が入ったりして、饒舌で明るい時間を共にしました。

その後、文献や報道資料などを渉猟して、彼らの発言が信憑性に足るばかりではなく、当時の生きた情勢を伝えていることを確信しました。細部の挿話などは省いたり言い替えたりしていますが、すでに記した〈囲み記事「インド人民党」〉に反映されています。また、次項「ナレンドラ・モディの歩いた道」などにも多大な貢献をしてくれています。なにしろ、生きた証言なのです。

(4) インディラ・ガンディという存在

彼らがもっとも敏感に、しかも過激に反応したのは、インディラ・ガンディに話が及んだときでした。インディラ・ガンディの政治手法が、いかに国民をないがしろにし、強権的であったかを、罵るように告発していました。自分の考えややり方を強行するあまり、周囲は置き去りにされてしまう。会議派（コングレス）が、良くも悪しくも育て、組み立てた官僚たちとその制度さえ、最後には顔をそむけたのだ、とこもごも語ってくれました。

ジャナタ党時代、同盟から連合への歩みは、そのいちいちがインディラへの抵抗と挫折の軌跡だった、と明かしてくれました。わたしは「人民党を育てたのはインディラ、ともいえるのですね」と結果として皮肉なコメントをすると、彼らは顔を見合わせて、苦く笑って反論しませんでした。わたしはすぐに「人民党の政治党派としての成長は、インディラ・コングレスとの戦いで培（つちか）われたともいえるのですね」と補足しました。最長老の元ジャーナリストは「そう。それは一面では正しいのです。でも、それが悪く出たこともあった」といい放ちました。含蓄のあることばでした。

インディラ批判が、政治戦術の細分化を促し、政治戦略を明確にしてきたのは事実だが、一方では、批判に性急になるあまり、迎合主義（ポピュリズム）に陥った部分もあった、ということなのです。それは、二〇〇〇年代になっても、人民党の体質として残っているのです。

インディラ・ガンディに関しては、わたしにはもうひとつ挿話があります。

わたしがインドに関わるようになった一九八〇年代後半期、わたしにインド文化の手解（てほど）きをしてくれたのは、当時、日本でいえば文化庁、インド・サンギート・ナタック・アカデミー（インド音楽舞踊協会）の事務局長、実質的な長官だった人物です。彼はわたしに実父のように接してくれました。二〇〇〇年代初頭に亡くなるまで、親密な交際が続きました。

この協会は政府直属機関で、インディラが創設したものでした。事務局長は、その以前、インディラの第一秘書だったのです。彼は、折に触れてインディラについて、まとまってではないのですが、ぽつぽつと語ってくれました。たびたび聞かされたのは「インディラはなんでもできる女性で、なにごとも自分の手を通らないと満足しなかった。それは、必ずしも美徳ではないのだ」ということでした。故人となった彼の遺言のように、わたしには響いて残っています。

インディラは、自らの出自はブラーミンで、そのなかでも最高位といわれる共同体の出身です。結婚した相手はパーシー（ゾロアスター教徒）で、彼女はブラーミンである誇りも資格も捨てたのです。ということは、カーストについて、完全に否定する立場にあったのです。会議派（コングレス）の党方針自体が、非宗教（セキュラー）を標榜していました。

後に詳述することになるのですが（次項「ナレンドラ・モディの歩いた道」）、人民党（BJP）もカースト否定です。それなのに、インディラと人民党、RSSの間では、まったくそういう議論がおこなわれることはありませんでした。

インディラとヒンドゥ原理主義者では、おなじように否定でも、内実は違っていました。もし政治の場から積極的な行動力が発動されて、インド社会と共同体に関する超党派の公的フォーラムが連続したら、ずいぶん風通しのいい見晴らしができただろうと想像します。

しかし完璧に築かれた官僚体制と人脈は、公的フォーラムの開催など、無視以外の反応はなかったでしょう。インディラ、人民党、それぞれにとって、官僚やそれを取り巻く彼らを説得、屈服させることは行政の履行などに渋滞、延滞などの怠業が日常化し、陰険で頑迷な抵抗が起こったでしょう。

人民党(BJP)とインディラ・ガンディは、極めて不幸な出会いと別れに終始してしまったのでしょうか。

そして、もしかするとこの不運がインド政治に大きな命運を与えたのかもしれません。

2 ナレンドラ・モディの歩いた道

ナレンドラ・モディは、一九五〇年、ボンベイ州ヴァドナガール(注1)に生まれています。

ボンベイ州とされていますが、現在は存在しません。すでに述べてきたように、彼が政治的手腕を発揮してきたグジャラート州は、実は、一九六〇年に成立しています。モディは一〇歳になっています。それまではボンベイ州でした。

ボンベイ州からの分離は、マハラシュトラ地域の人びとが歴史を培ってきたマラーティ語への自己証明、アイデンティティがあったのです。一方で、グジャラート域の人びともグジャラティ語族としてアイデンティティを持ち続けてきていました。

ボンベイ州の北部はマハラシュトラ州、南部はグジャラート州という分離独立が成立しました。

すでに述べてきたように、どちらの地域もパキスタンに隣接し、ヒンドゥ原理主義を唱える人びとが多数派です。一九二五年に成立したヒンドゥ奉仕・義勇軍(RSS)への共感と参加意識は多大なものでした。しかし言語文化は違って、共同体や政治風土、社会資質の相違を歴史的に持っていたのです。分離後の解放感は、双方ともにことばに尽くせないものだったと伝えられています。

インド解放から十数年を経て、ようやく文化的安寧を味わうことになったグジャラート州は、これも述べてきたように、広大で経済力のあるムンバイ、そしてムンバイを州都とするマハラシュトラ州から沈黙の圧力を受け続けてきました。

マハラシュトラ州のヒンドゥ原理主義集団シヴ・セナ Shiv-Sena

シヴ・セナは、ヒンドゥ右派集団です。その主張は、原理主義的で、最右翼といえます。ただ、シヴ・セナは全国組織ではありません。経済都市ムンバイを州都とするマハラシュトラ州の地方組織です。マハラシュトラの公用語マラーティ語の流通地域に強大な勢力を誇っています。インド最大の経済都市ムンバイの市政では、揺るがぬ支持を受け続けています。

とはいっても、インドに数多くある地方政党のひとつにすぎないのです。それが外すことのできない注目をたびたび浴びる理由は、その過激な主張にあります。

おなじヒンドゥ主義者のナレンドラ・モディが首相になって、シヴ・セナをどのように遇するのか、どのような関係を結ぶのかが注目されました。統一選挙では、モディ支持派に属していました。

シヴ・セナは、一九六六年に設立されています。六〇年にマハラシュトラ、グジャラートが分離独立していますから、その六年後に結成されたことになります。新首相モディがナグプールの訓練場から帰還する頃です。シヴ・セナは、素早い対応をしたのです。

シヴ・セナとは、中世マラータ王国を築いたシヴージィの名を冠し、セナはその軍団という意味です。マラータ王国を支えた数十の共同体が、基礎になっています。それらの共同体が、すでに述べたようにカースト第二位のクシャトリア、武人階層なのです。マラーティ語族です。

グラジャートは、グジャラティ語をマハラシュトラはマラーティ語を公用語にすることになったのです。地域言語文化を堂々とかざせる開放感を、双方の人びとは味わったことでしょう。その晴れがましさに乗じてシヴ・セナは、旧王国を支えたクシャトリア共同体を超えた広範な地域支持者に迎えられて結成されています。

創立者はバル・タクレイで、ジャーナリストで漫画家でした。彼はハリウッドをもじったボンベイ映画、ボリウッドを牛耳る存在でもありました。映画を論評する彼が、権威者になったのです。

彼の政策は、マラーティ語文化の興隆と強化、思想と政治の緊密化にありました。ムンバイを中心としたマハラシュトラ州は、マラーティ語族が形成すべきだという主張のもとに、都市へ流入してきた多言語族や移民との峻別を法制化しました。また、労働運動を嫌悪し、左翼運動を弾圧しました。ときにヒンドゥ主義に根差した労働運動さえ弾圧したのです。

ボンベイ、ムンバイを地盤にタクレイは絶大な人気を保ってきました。

二〇〇〇年代に入ると、老いたタクレイに替って息子のウダフ・タクレイが実質的な総裁業務をおこなうようになりました。二〇一二年、一一月、創始者タクレイは亡くなりました。八六歳の長寿でした。息子のウダフが後継しています。

タクレイの死を悼んで、ムンバイ市内の商店は営業を自粛しました。市内は市・私営のバスも止まって、閑散としました。そんなムンバイでふたりの若い女性が逮捕され、提訴されました。ふたりは、閑散とした市内に不便をかこち「タクレイなんてだれも知らないのにね」と携帯のショートメールを交換していたというのです。結局は無罪になりましたが、それほど熱烈なタクレイ支持者がいたということでもあるのです。

シヴ・セナに同調するヒンドゥ原理主義組織は、カルナータカにも飛び火して、ラーマ・セナ（ラーマ王子の軍団）などが形成されています。

⑴ お茶売りの少年

新首相になったナレンドラ・モディは、生地ヴァドナガールの鉄道駅で、お茶を売っていました。一〇歳の頃からだったということです。

鉄道駅では、列車が止まると駅の立ち売りがやってきます。日本でも、七〇年代半ばまで「弁当、べんとお……」と唱える駅売りの光景が盛んでした。記憶にある方も多いでしょう。

モディ少年は、兄弟とともにお茶（ミルクティ）を商っていたのです。お茶は、日本では弁当と抱き合わせの商品ですが、インドでは違います。むしろ、お茶がメインで、それにスナックがオプションになるのです。モディ少年は、列車がホームに滑り込むと、熱いステンレスのアーン（小さな蛇口の付いたサモウァール）を肩から担いで、車両に飛び込んでいきます。素早さが勝負です。いまはプラスティックになっていますが、モディ少年の時代は素焼きのカップだったでしょう。注いで、次の乗客へと走ります。料金は、飲み終わった頃に回収にまわります。カップを渡した数十人の顧客をけして忘れないのです。利発な少年が車内を走り回る姿が、目に見えるようです。

この少年が、後にインドの首相になることを誰が予想したでしょう。少年自身も、この頃はまだ自らに潜む野心に気づいてはいませんでした。

余話 児童労働と就学

一九九四年、すでに述べたように、わたしは中世遺跡の只中に設立されていたハンピー・カンナダ大学に赴きました。わたしの学科は真新しい建物で、まだ内装工事が続けられていました。窓枠や室内のパーティションを設(しつら)える建具職人が研究室に出入りしていました。そのなかに父を手伝う少年を発見しました。父は、親というより師匠、親方のように息子をこき使っています。よく観察すると、働く少年は三人います。職人たちは数人で、学生に頼んで通訳してもらうと家族ぐるみで働きにきているとのことです。数家族できている、ということになります。

広大なキャンパスにはいくつかのバラック建ての飯場が出来ていて、家族ごとに生活しています。大学は、遠隔地で、隣接の町から二〇キロほどあります。町の施設に住んで通うのは難しかったでしょう。大学勤務の教職員も、朝、昼間、夕刻の一日三度、大学のバスに乗って通勤していました。

職人たちは、アンドラプラデッシュ州からやって来たそうで、テルグ語でした。覚えたてのカンナダでは、手も足も出なかったはずです。北カルナータカのハンピーは、アンドラプラデッシュからの労働者、行商人が盛んにやってくる地域なのです。

甲斐甲斐しく細々と働く子どもたちにわたしは疑問を抱きました。この子たちは学校に行かないのだろうか。わたしは学科主任教授に尋ねました。彼は、そういえばそうだけども、こういうケースはインドでは普通なのだ、と極めて要領を得ない回答でした。

わたしは、児童労働が悪だとは必ずしもおもってはいませんでした。現在も、おもっていません。ですが、不登校、長期欠席のまま、しかも大学で働いている、という現実に従いていけませんでした。教育機関である大学が、未就学や長期不登校を容認しているなんて、日本人には、到底、理解できないことです。

日本でも、商人や職人の家では、子どもが親の仕事を手伝うのは当たり前でした。そして初等教育を終えるか終えないうちに〝奉公〟と称して商店や作業場に住み込んで働いた時代もありました。しかし、日本では、学制が整った明治以降、公教育を受けることが第一義で、未就学のまま労働に勤しむなどということは考えられません。

その後、学長との懇談の機会があり、その折にも少年労働を許す大学について糺しました。彼からも要領を得た回答は得られませんでした。

二〇一四年一一月二八日、BBC電子版には、年度後半期のインドGDPが前年比5・3%に留まったという特集記事が掲載されていました。同年の前半期5・8%を下回ったというのです。

記事中、インドでは現代でも盛んにおこなわれ、特に最近のエネルギー需要の世界的拡大で重要視されている石炭採掘場で、粉砕作業に従事する児童労働者の姿が写されています。キャプションには、「子どもたちが粉砕場で働いている。首相モディは改善する、と約束している」とありました。児童労働者だったモディには気がかりなことなのでしょう。

この問題は、二一世紀の現代でも世界的な関心事で、国連をはじめとする教育と人権擁護を立場とする機関、それに関わる人びとにとって解決しなければならない主題のひとつになっています。アフリカ、中東、アジアにわたる世界規模の問題意識なのです。それどころか、最近の報道（二〇一四年一〇月）で、惨殺した敵の首を誇らかに捧げ示威する少年兵の写真が世界を巡って、アメリカ大統領までコメントする騒動になりました。傍らには少年の父が笑顔を見せていました。この少年にとって、内戦は〝家業〟なのです。少年兵士になることが生活の資を得ることになっている現実は、紛争国では通例なのです。

二〇一四年のノーベル平和賞は、パキスタンの一七歳の少女マララ・ユスベイが史上最年少の受賞者になりました。彼女とともにもうひとり、インドのＮＰＯで児童救済活動に長年携わってきたカイラッシュ・サティヤン氏が受賞しました。

マララは、パキスタンでタリバンに襲われ、卑近距離から銃撃を受け、生死の境から生還した少女であることはよく知られています。

マララは、授賞式のスピーチで、すべての子どもたちに教育を、そして、この訴えは、最初で最後のものにしたいと語りました。

サティヤン氏は、児童労働は犯罪だ、と受賞の檀上から説きました。

子どもは、大人の隷属物ではなく、子どもという人格を生きているのだ、という論理の正当性をどこまでの深みで捉えるのか、現代もなお、それがわたしたちに突き付けられているのです。

新首相ナレンドラ・モディは、学業もそこそこにお茶売りに励んでいました。大学の内装を手伝う少年たちとおなじ環境にいました。その日常から、彼は政治に目覚めていくのです。

初等教育を終える頃、モディ少年はヒンドゥ奉仕団・義勇軍（RSS）の活動に傾いていきます。第二次印パ戦争の余韻が残る一九六〇年代の半ばです。ときに一四歳の頃だったといわれています。利発で早熟な少年は、パキスタンとの緊張がひしひしと伝わる地域に育ち、グジャラティ（グジャラート語）にはげしい自己存在の在り処を見出していたのでしょう。

彼は、ガンチGhanchiという共同体に生まれています。本来は、植物油を絞る職能（ジャティ）です。カーストでいえば、下層です。被差別ではありません。父は、次、三男だったのでしょう。ですから、鉄道駅でお茶の立ち売りの小店を持ったのです。それなりの〝出世〟だったはずです。しかし、例によって兄弟姉妹の多い家庭生活は、貧しかったようです。

彼は、志願してヒンドゥ義勇軍（RSS）の全寮制の訓練場に入りました。マハラシュトラ州の内陸部ナグプールというところに現在でも所在しています。少年は、朝四時に起きて、寮や事務所の掃除をおこなっていました。そのスナップが残っています。

義勇軍は、疑似軍隊組織で武器こそ持ちませんが身体訓練は軍事教練そのものです。

戦前、戦中の青年団に似ています。日本の青年団は、地域民俗に根差した若衆宿がもとになっていました。儀・祭礼に参加するための通過儀礼的なものでした。やがて軍国主義が全土を覆うようになって翼賛会的な思想性を帯びてきたのです。

ナレンドラ・モディ少年が参入した義勇軍は、一党派とその支援団体が組織したものですが、国軍の予備軍的な性格は、日印ともに備えていました。

数年後、帰還したモディ少年はいっぱしの政治青年に変貌していました。地域RSSの青年部長を務めるまでになっていました。

この頃、志を以て高等教育の門を叩いています。グジャラート大学の政治学科に入り、修士を修めています。すでに政治家への野心が芽生えていたのでしょう。

しかし、揶揄気味ですが、別の説もあります。グジャラート大学に入ったのも修士まで進んだのも怪しいというのです。彼は、ひたすらRSSに所属して事務所勤務を続け、そこで学んだことがすべてだろう、というのです。

二〇〇〇年代、グジャラート首班になって以来、彼の演説はヒンディ語が多くを占め、ときに英語、そしてグジャラート語グジャラティです。ヒンディ語はRSSヒンドゥ原理主義者として必須ですが、奉仕団から帰還する頃までの彼は、母語であるグジャラティ以外にヒンディや英語が堪能であったはずがない、というのです。彼の演説は、軽妙でユーモアに満ち、分かりやすく説得力があります。それは、大学で養われたものではない、という説には頷(うなず)かせるものがあります。

こういう説を唱えるのは、大抵、会議派支持者ですから、留保つきで聞いていた方が安全です。それでも、ナレンドラ・モディ神話としては、一級です。敵対する党派支持者が、対決すべき政治家を身近に引き寄せる神話つくりをしてしまうという皮肉な結果になっています。

ナレンドラ・モディには首相になった現在、ファーストレディたる女性の姿がありません。多くのひとが、彼は独身と信じています。しかし、実は、奉仕団から帰還した直後、一七歳で結婚しています。当時のインドでは、男女ともにティーンエイジャーが結婚することは、さほど珍しいことではありませんでした。

モディの結婚は、居心地の良い家庭を営むことにはなりませんでした。数か月で別居しています。一般にインドでは離婚するのは大変に難しく、結婚は固定され、したがって婚外婚のケースが多いのです。モディの場合は、第二夫人の存在は伝わっていません。

モディはグジャラート大学に進み、ヒンドゥ青年同盟を活躍の場としました。大学は活動を保証するための〝場〟だったのかも知れません。

お茶売りの少年は、政治青年として知られる存在になったのです。

(2) ヒンドゥ(R)奉仕(S)団(S)からインド(B)人民(J)党(P)設立へ

一九七〇年代から八〇年代前半のナレンドラ・モディは、雌伏の季節でした。

大学にしろRSSでの個人教授にしろ、知識の涵養と学業に励み、若手の奉仕団員としての務めに勤しんでいました。内向的で目立たない青年だった、と伝えられています。

しかし、ヒンドゥ奉仕団の周辺は、平穏な情勢ではありませんでした。急激に変貌を遂げた時代でした。

すでに述べてきたように、隣接するマハラシュトラ州では、六〇年の二州分離から数年で、マラーティ語族のシヴ・セナが成立しています（108頁、囲み記事「シヴ・セナ」）。

七〇年代後期、ボンベイ港を窓口に交易が進み、金融市場は活発化し、巨大化の道を歩みはじめました。ムンバイ・シヴァジ空港は国際、国内航空のハブ拠点になってきました。ムンバイは、インド最大の経済都市として肥大し、一日として止まることはありませんでした。

引き替えてグジャラートは、発展へむかう気配さえ見えませんでした。

しかし、すでに述べてきたように七〇年代の半ば以降、ヒンドゥ奉仕団を基盤にインド人民党が結成される機運は、全国規模で膨らんできていました（90頁、囲み記事「インド人民党と支援組織」）。

ナレンドラ・モディは動きませんでした。七〇年代、彼は勉学に励み、RSSとその周辺で静かに働いていました。

一九八〇年、インド人民党が全国党として結成されました。その数年後の八〇年代半ば、ようやくナレンドラ・モディは雌伏の季節を終えました。実践活動がはじまります。すでに三〇を四、五歳越えていました。

彼の存在は、人民党（BJP）の中央（デリー）にも知られてきました。

九〇年代の初頭から、彼は人民党（BJP）が重点化を目指した地方へ赴きます。

ハリヤナ州、ヒマチャール州、ジャム・カシミール州[注2]を歩きました。北部インドのジャム・カシミールは、イスラム教徒（ムスリム）が多数派です。言語はウルドゥ語で、土語であるカシミール語、ドゥグリ語も公用語になっています。

最南端ケララ州にも赴いています。ケララ州は、北東部、西ベンガル州とともに五〇年代、共産党州政府が成立していました。キリスト教徒やムスリムも数多く地場を張っています。言語はマラヤラム語で、ヒンディ語や英語、他の言語も流通しています。

カシミールの二〇一四年

二〇一四年一二月五日、ジャム・カシミールでテロが発生しました。一三人の警察官と六人の軍人が殺害されたと報じられました。攻撃されたのは、パキスタンとの軍事境界線近くの駐屯地で、六人のテロリストが襲撃したという情報もありました。また、夏季州都であるスリナガルも襲われたということでした。

よく知られているように、インド解放独立の一九四七年、カシミールはパキスタンとの国境を定めることなく、双方が領有を主張してきました。ここでは、両三度の印パ戦争と六五年の歴史を述べるのではなく、現代、二〇一四年の現実を語ることで、カシミールを浮かび上がらせようとおもいます。

一二月五日のテロリストたちは、パキスタン国境を越えて侵入したのだ、とメディアは内務当局の発表に従っています。

他州の多くの人びとは、またか、といった程度でさほどの衝撃を受けたようではありませんでした。多くのインド人は、カシミールではいつものこと、といった反応です。この前月、その二か月前にも、おなじような事件が起きているのです。カシミールは、インド人にとって辺境で特殊な地域なのです。

今回はしかし、カシミール地方選挙が開始されていて、テロはその妨害、あるいは警告の意味があったのでは、と分析されています。

テロから二日後の七日、各紙は、首相ナレンドラ・モディがカシミールを訪問したと伝えました。選挙の応援演説にきたのです。一一月下旬から一二月下旬までの一か月、四地区にわたって投票がおこなわれているのです。モディにとっては二〇余年ぶりの再訪です。

写真には、檀上で数人の地域代表者たちの真ん中にモディが写っています。地域代表たちは、まるでアジア人すべての人種が集まったような光景です。モンゴル、チベット、漢族などなど、ずらりと並んでいて、地域の人種構成をそのまま表しています。カシミールというのは、こうした地域性なのです。

モディは、一〇年を経て、人民党(BJP)政権ヴァジペイの試みに向き合うのだ、とスピーチしました。檀上の参加者たちは、ヴァジペイ元首相は、カシミールにとって、もっとも親しみのあるインド首相だったという趣旨の演説を、こもごもおこないました。

アタル・ビハリ・ヴァジペイ、2003年

一九九八年、不安定な政治状況を脱して人民党(BJP)の政権が誕生しました。アタル・ビハリ・ヴァジペイ Atal Bihari Vajpayee が首相の座に就きました。ヴァジペイは、九〇年代初頭に、人民党がラダック、ジャム・カシミールを重点地区として調査していたのを忘れてはいませんでした。積極的な対応に励みました。九九年には、停戦ラインを印パの不可侵境界と合意しました。二〇〇二年には、鉄道、道路の相互乗り入れを協約しました。

二〇〇四年、ヴァジペイ政権の末期、彼はパキスタンの首都イスラマバードで開かれた南アジア協力機構(SAARC)の年次総会に出席しています。南アジアの参加国が回り持ちで開催する総会は、この年、パキスタンだったのです。インド首相がパキスタンの首都を訪問するなどとは、当時、破天荒なことでした。それも、三日間の滞在でした。

ナレンドラ・モディは、このようなヴァジペイ元首相のパキスタン、カシミールへの働きかけを推進すると宣言したのです。

すでにみてきたように、カシミールの不穏な情勢は続いています。端的にいえば、一九四七年の印パ分離以降、状況はなにも変わっていません。

モディは、自らが調査探索した九〇年代からぶれずに対応しています。少なくともことばの上では、ぶれていません。人民党(BJP)、元首相ヴァジペイ以来のカシミールは、ナレンドラ・モディによって歴史的な歩みを進められるのか、彼は験(ため)されているのです。

熟年期に入ったモディは、旅する現地調査者(フィールドワーカー)であると同時に、ヒンドゥ原理主義者として教宣活動をおこない、党務を担ったのです。内向性を克服し、人怖じせず対面できるようになりたかった、と後に語っています。

カシミールもケララもRSSの活動家に対しては厳しい対応が予想される地域です。その地域性に分け入って、スキルになったヒンドゥ語で、自己主張が堂々とできるのか、彼は自分を験したのです。

彼はバケました。変わったのです。自分を主張する政治家に変身したのです。

彼は、この行脚で、RSSと人民党(BJP)には未来がある、活路は開けるのだ、と確信したに違いありません。彼が渉猟した地域は、ヒンドゥの地盤域ではありませんでした。むしろ冷淡に対応されて当然の地方でした。しかし、地域のムスリムやクリスチャン、左翼共産党から逃れて、社会の基層部に潜んでいる人びとを見出したのです。

彼の出自は、すでに記したようにグジャラート州の低階層です。カースト、ヴァルナ(四姓)としては最下層、被差別ではありませんが、高位ではありません。これもすでに述べたようにマハラシュトラ、グジャラートはクシャトリア(武人)階層が勢力を張っている地域です。モディは、それより下位の出自であることを常に自覚しなければならない生活を送ってきました。

他郷を知ったモディは、一九六五年当時にRSSが提唱した〝すべての者への人道主義〟が期待されている現実を知ったのです。

彼自身も、ヒンドゥ原理主義が生きるに価値ある道であることを確信しました。彼は、自らの出自である「下層の油絞り(ガンチ)」を「ヒンドゥ共同体」に書き替えたのです。RSSの思想性はカーストを越えた共同体たりうると確信したのです。モディは、あらたな世界観を見出しました。

一九九五年、人民党(BJP)はグジャラートを重点地区に指定しました。いよいよ彼の活動期がはじまるのです。

(3) インド経済政策の実相

九五年、グジャラート州を重点地区にした人民党(BJP)は、経済振興政策を引っ提げて登場しました。人民党は、他地域でも、都市化とインフラストラクチャーの推進を掲げて施策してきました。地方経済の発展がインドの喫緊な課題だという戦略でした。

九〇年代になって、農業生産が一応の成果を挙げ、飢えは淘汰されました。そして、農業民は子弟の教育に消費するようになりました。その教育から輩出されたのがIT戦士たちでした。九五年時点で、アメリカのNASAまでもインド人IT戦士を雇用するようになっていたのです(63頁「1章9　マイクロソフト新CEOは南インド人」)。

ヒンドゥ主義は、七、八〇年代、奉仕団(RSS)、そして人民党(BJP)設立の時代には、他宗教共同体やヒンドゥ上位からこぼれでた人びとを対象に活動してきました。ヒンドゥ原理主義が、哲学思想的担い手であるブラーミンの主導でなかったことは、すでに述べてきました。

九〇年代、人民党（BJP）は、方向転換をします。高等教育を修めた若い世代に、精力的な働きかけを開始したのです。彼らは、高等教育を修めたからといって、かならずしも幸福ではありませんでした。仕事が限られていたのです。そうした若者たちに、経済政策による未来展望を訴えたのです。人民党（BJP）は、若者対象の組織に変身していきました。

二〇一〇年代になると、貧乏なんて知らない、という第二世代が人民党（BJP）の主力になってきました。

すでに述べたように中央政界は、はげしく流動していました。一九九六年の連合は、三か月で瓦解、九八年、ようやく人民党（BJP）内閣が発足しました。すでに述べてきたようにアタル・ビハリ・ヴァジペイ Atal Bihari Vajpayee が首相になりました（119頁、囲み記事「カシミールの二〇一四年」）。

ヴァジペイ内閣は、二〇〇四年、マンモーハン・シン首相に政権を譲るまで続きました。

九八年、ナレンドラ・モディは党の事務局長になっています。ヴァジペイ内閣の発足に踵（かかと）を合わせています。

九〇年代の経済成長に乗って、地方都市の振興、デリー、バンガロールの地下鉄建設をはじめとする都市インフラの整備、そのための外資導入など、ヴァジペイ内閣には勢いがありました。

惰眠をむさぼっていたインド象が、のっそりと目覚めて、猛然と森の木々をなぎ倒し草原へ闊歩（かっぽ）しはじめたようでした。

インド経済の成長と拡大

インド経済の拡大、成長は、いったい誰が仕掛けたのでしょうか。世界規模の注目を浴び、二〇二〇年代には世界五位内のＧＤＰを勝ち取るだろうといわれています。暗殺されたラジヴ・ガンディの提唱によって教育改革がおこなわれ、農業政策が一応の成果を挙げ、高等教育に子弟を送り込むことができるようになったというのが定説です。

しかし、それは間接証拠、状況証拠で決定的な実証と論理にはなっていません。踏み込んだ議論が、遠くない未来におこなわれていくでしょう。

ここでは、〝定説〟の検証を、少しだけ詳しくしておこうとおもいます。

ナレンドラ・モディはヒンドゥ原理主義者といいつつ、実は、経済中心主義政治家なのだという面貌を身近にするためです。

八〇年代半ば、インディラ・ガンディ三次政権が彼女の暗殺によって閉じられてから、長男のラジヴ・ガンディが政権を担いました（八四～八九年）。ラジヴは、与党内からも反政権活動がおこなわれるような複雑に絡み合った政界を解きほぐしていきました。彼の政策は、外交よりも内政に重きを置いて、国内経済の振興、教育改革などに力を注ぎました。

一九九一年、ラジヴ・ガンディもまた暗殺に見舞われました。政権は、与党、会議派（コングレス）に引き継がれました。ナラシンハ・ラオ Narasimha Rao が首相に就きました。彼は、ラジヴの政策を推進しました。すでにインド経済は、八〇年代末から半ば自然発生のように拡大しはじめていました。

九〇年代初頭のラオ政権時代、ラジヴによって提唱、推進された教育改革は、医学、建築土木、そしてIT教育が重点化され、すでに制度化されていました。それが瞬く間に経済情勢を変えていきました。この時代のインドの教育成果は、類例をみないすさまじさがあったのです。教育という滋味ある水は、驚異的な浸透力で地に吸われていったのでした。ラジヴからラオ政権までのほぼ一〇年、教育による経済の変貌は、劇的でした。

ナラシンハ・ラオの功績は、ラジヴの政策を具体化し順守したことでした。ラオ政権は、規制改革、経済の自由化、金融、通貨の規制緩和策など、兆候のみえてきた経済成長を迎え撃つ施策を試みました。独立以来、社会民主主義体制だったインドは、徹底した規制と管理によって経済活動は縛られていたのです。自由化は、それに乗じた官僚、金融機関、政治家の不正疑惑などで、必ずしも成功はしませんでしたが、経済を命題化することに傾注したのです。

九八年、人民党（BJP）は政権を奪取、アタル・ヴァジペイが首相に就任します。すでに述べてきたように、人民党は経済開発、都市化とインフラ整備を党の政策方針にしてきていました。ヴァジペイ政府は、ラジヴ、ラオと引き継がれてきた政策とは色合いを変えていましたが、しかし、結果としての経済中心主義は継承されたのです。

二〇〇四年、人民党(BJP)は政権を滑り落ちます（137頁、余話「〇四年の統一選挙敗退」）。会議派(コングレス)に戻った政権は、マンモーハン・シン Manmohan Shingh を首相に冠しました。彼は経済学博士で、まさに二〇〇〇年代のインド経済拡大を具現しました。

彼は、ナラシンハ・ラオ政権で財務大臣を経験しており、故ラジヴの未亡人で会議派(コングレス)の総裁ソニア・ガンディは、彼にインドの経済発展を託したのです。

二〇〇八年の世界金融危機まで、マンモーハンの経済政策は充分な説得力がありました。その後、アメリカ発の経済金融危機をかわしながら、ともかくインド経済の基盤整備をおこなってきました。そして、二〇一四年、人民党(BJP)政権へとつながったのです。BJPは、復活したのです。

こうしてみてくると、インド経済の成長、拡大は、ほぼ二〇年にわたって、政権党派を超えて、経済中心主義に進展してきたことが理解できるのです。たとえば、ヴァジペイ内閣の本格的な登場（九八年）の前夜、南インド、カルナータカ州出身のデビ・ゴウダ Deve Gowda（九六〜九七）が政権を担いました。不安定な政局にあって短命な内閣でしたが、彼の出身地であり、カルナータカ州都であるバンガロールが「東洋のシリコンヴァレー」と呼ばれるようになった発展に、一助の働きをしています。

インド経済は、歴代内閣の経済政策の継承によって拡大してきた、といえるのです。結果として政策の継続性が保たれてきたのです。その彼方には、暗殺されたラジヴ・ガンディの存在があるとおもえるのです。

(4) モディ出陣、グジャラート州首班に

二〇〇一年、ナレンドラ・モディはグジャラート州の首班になりました。

モディの立候補ついて、人民党(BJP)の中央は必ずしも賛成ではありませんでした。党の中央事務局長であったモディを郷里グジャラートに戻すことにはためらいがあったのでしょう。また、奉仕団(RSS)以来の活動は認めても、政治家として行政を担うことに賛同できなかったというのもあったようです。あまりにも未知数な要素が多過ぎました。

しかし、選挙は勝ちました。前州政権が弱体化していたという事実もありましたが、期待感に満ちた勝利でした。

当然、人民党もバックアップしたのですが、モディの出身母体ともいえるヒンドゥ奉仕団(RSS)の支援

が、なにより多大でした。モディは、ＲＳＳと同伴し、彼らの要望を担って選挙に勝ちました。モディは、まず州政府による規制改革、民営化の推進に着手しました。事業、企業の経済活動の活性化です。

好発進したモディ州政府でしたが、大事件に遭遇しました。

一般に、グジャラート騒乱、と呼ばれています。

二〇〇二年二月二七日、ヒンドゥ巡礼者たちが乗った列車が襲われました。車両は放火され、五九人が殺害されました。

犯人はムスリム、と人びとは断定し、数週間にわたる騒乱が勃発しました。強姦、傷害、そして拷問死と、残虐の限りが尽くされました。ヒンドゥの報復攻撃でした。異説もありますが、二〇〇〇人のムスリムが殺害されたと伝えられています。

この騒乱と残虐行為をグジャラート首班であったナレンドラ・モディは、黙視、容認していたと、後に最高裁に告発されています。

モディ首班のグジャラート州政権が成立して一〇か月という時期でした。モディの政策は提案されたばかりで、実行に及ぶ時間はありませんでした。

他党は、モディ批判を強め、州政府の解散を求めました。

首班ナレンドラ・モディは、選挙を決断しました。二〇〇二年一二月、政権誕生からわずか一年半ほどで、解散ということになりました。彼の第一期州政府は記録的短期間で終わったのです。
しかし、グジャラート州選挙は人民党(BJP)の大勝利でした。一八二議席のうち一二七議席を獲得しています。

州民は、モディとその政権が処置した騒乱事件の結末を支持したのです。BJP、そしてナレンドラ・モディには、勝算がありました。ムスリムとヒンドゥの争いに、断固とした態度を崩さなかった与党政権に信頼が集まっていたのです。モディは、それを読んでいました。

しかし、他州、ならびに関係する諸外国の反応は違っていました。多くの他州には、ヒンドゥ原理主義の強権性は危険と映りました。また、投資を企図していた諸外国は、グジャラートの情勢を不安定とみたのです。

この事件は、モディの経歴に深い傷を残しました。アメリカは、この後、モディにビザを発給しませんでした。州政府首班として長期政権を保ち、中国をはじめとする数か国を訪問していますが、アメリカにだけは踏み入れることができませんでした。

二〇一二年、最高裁は、モディ州政府で閣僚を務めたこともある人民党党員を、グジャラート騒乱事件の首謀者と裁定し、二八年の懲役刑を宣告しました。これで一応の決着をみました。彼の有罪が確定しなかったら、モディは中央政府首相候補としての選挙には出馬できなかったでしょう。

アメリカのビザがでたのは、モディが首相になり、オバマ大統領の招待を受け入れた二〇一四年でした。

いずれにしても、ナレンドラ・モディというヒンドゥ原理主義者の貌が浮かびでた事件でした。彼一流の迎合主義(オポチュニズム)であると同時に出身母体のヒンドゥ奉仕団(RSS)、そして世界ヒンドゥ協会(VHP)への忠誠の証明でもあったのではないでしょうか。ふたつの組織は、モディにとって中核となる票田でした。インド民主主義には、こういう胡散臭(うさんくさ)い一面が、なお捨てきれずにあったのです。

それにしても、グジャラート騒乱は悲惨の一語に尽きる事件でした。

ナレンドラ・モディは、もう一件のヒンドゥ・ムスリム騒乱に立ち会っています。一九九一年一二月に頂点に達したアヨーディア事件です。

アヨーディア事件

インドの二大叙事詩神話に『マハーバーラタ』と『ラーマヤナ』があります。現在でも絶大な人気です。子どもたちは挿絵入り、あるいは絵本を、学齢前に手にしています。インド人としての自己証明が、ふたつの物語にはあります。

『ラーマヤナ物語』は、伝承ではヴァール・ミキが書いたとされています。ヴァール・ミキは盗賊で、自ら蟻塚に籠って、七年間悔い改め、再生した人物と語り伝えられています。

ところが、インド各地にはヴァール・ミキという小さな共同体が散在しています。大抵、裏町のスラムやそれに隣接する集落です。どうやらヴァール・ミキは個人の姓名ではなく、共同体を称したようです。その共同体に伝承された断片的な物語が、ヒンドゥ哲学者によって大成されたと推察することができます。それもひとりの哲学者、あるいはヒンドゥ学者ではなく、長い歴史の間に、時代を隔てて現れたヒンドゥ学者たちによって、培われてきたのではないでしょうか。

主人公はラーマ王子で、その冒険、結婚、遍歴の物語です。地域によって多少の差異があり、その柔軟さが魅力でもあります。なによりも人気なのは、孫悟空に擬せられる猿神の活躍です。王子ラーマに忠義を尽くす猿神は、演劇化された舞台でも、やんやの喝采を浴びます。スリランカの王ランカが悪役として登場することもあってか、インドネシア、ミャンマーなどにも伝承されていて、広くアジアで語り継がれています。

物語の主人公ラーマ王子は、北インド、ウットラプラデッシュ州のアヨーディアに生まれたとされています。ヒンドゥ教徒にとって聖地です。ところがここには一六世紀に建てられたと伝わるムスリムのモスク（礼拝堂・寺）もあるのです。

ヒンドゥとムスリムは、八〇年代半ばから、この小地域を巡ってなにかと小競り合いをしてきました。ヒンドゥ教徒は、本来、ヒンドゥ寺院があった土地に、ヒンドゥの寺を破壊してモスクを建てたのだ、と主張しはじめたのです。

両者の紛争は、人民党(BJP)が政治的発言力を強めるにしたがってエスカレートしてきました。人民党(BJP)はヒンドゥ主義の昂揚を利用したともいえるのです。

一九九一年、ラジヴ・ガンディが暗殺に倒れ、与党会議派(コングレス)のナラシンハ・ラオが後継になりました。人民党(BJP)は、ラジヴが運動中に倒れた九一年の選挙で、与党に対抗しうる一一九議席を獲得しました。ラオ政権は、人民党への懐柔と妥協を繰り返して政権を維持していました。

九〇年一〇月から、アヨーディアでは奉仕団(RSS)、協会(VHP)の動員が激しくなっています。モスクを破壊してヒンドゥ寺院を建てよう、という主張にRSS、VHP支持者たちは燃え上がりました。人民党(BJP)は、政治的キャンペーンを張って「ヒンドゥのインド」を煽り鼓舞しました。

過激な一団は、ムスリム・モスクの破壊に走りました。

九一年、九二年、ヒンドゥは、ムスリム集落を襲い、暴動は全国化しました。暴行、略奪、そして殺害に発展してしまいました。インドでは、ムスリムは少数派です。多数派ヒンドゥは、少数派ムスリムの反撃を封じました。

会議派(コングレス)のナラシンハ・ラオ政権が終焉した大きな原因のひとつになりました。非宗教(セキュラー)を標榜しつつ、その優柔不断が国民の信頼を沮喪（そそう）させたのです。

アヨーディアは、二〇一四年になっても火種は絶えていません。折に触れて、ヒンドゥ主義者たちは行動を起こします。ヒンドゥとムスリム、多数派と少数派の葛藤は、エンドレスな物語なのでしょうか。

世界にはもうひとつ、似た状態の場所があります。イスラエルのエレサレムの丘です。

イスラム教徒（ムスリム）にとっては預言者ムハムマドの昇天の地であり、丘を占拠されたユダヤ教徒は、その裾に『嘆きの壁』を設置して祈りをあげています。

ときには、キリスト教徒も加わってローマ時代からの争いは終息の兆しさえ見せません。はたして実は、宗教の問題なのか。政治と権力への飽きることのない人間の営みが生みだしているのか。わたしたちの世代が回答をだせるのか。問われているのでしょう。

ナレンドラ・モディは、八〇年代の末にアヨーディアを訪ねています。九〇年代初頭の暴動の際は、旅する政治青年でした。事件の渦中、ＲＳＳの活動家として行動していたでしょう。しかし、当時、彼のこの事件に関する目立った言動は伝わっていません。

(5) グジャラート州長期政権へ

ナレンドラ・モディの州政府首班の第一期任期は、慌ただしく終わりました。

二〇〇二年、モディにとって二期目の選挙になりました。グジャラート騒乱事件の余韻が残っている時期です。アメリカをはじめとする諸外国は、モディのとった対応を快くおもっていませんでした。北部インドをはじめとする他州の国民も、疑問符をつけていました。

しかし、グジャラート州の選挙民は、モディと人民党(BJP)を支持しました。前回に変わらない圧倒的な支持でした。グジャラート州民には、ムスリムと闘った人民党(BJP)、世界ヒンドゥ協会(VHP)は頼りになる存在として、支持者以外の浮動票も取り込んだのです。

ところがナレンドラ・モディは、この勝利から、ヒンドゥ原理主義を強調する路線から転換しました。一転したのです。経済の活性化政策を強力に推進したのです。

中央政府は、人民党(BJP)のアタル・ヴァジペイ政権でした。すでに述べてきたようにヴァジペイは、都市化、インフラストラクチャー、そしてそのための外資規制の段階的解除を進めていきました。やがて、むしろモディのグジャラートをモデルにしながら振興策を発していきました。グジャラートは、インド経済の注目すべき一角になったのです。

この〇二年以後、カルナータカ州やラジャスタン州、マハラシュトラ州からの人口流入が盛んになりました。仕事があるからです。

中央政府との連携による経済特区の開発や産業誘致政策は、荒野を工業ベルトに書き換えていきました。グジャラートは、インド最大の経済都市マハラシュトラ、ムンバイを抜いて第一位の、海外、そして国内からの投資受け入れ州になりました。その座は二〇一三年まで保たれました。

〇四年、人民党(BJP)は統一選挙で敗北しました（余話「〇四年の統一選挙敗退」）。中央政府は会議派(コングレス)に移り、マンモーハン・シンが首相に就きました。

ナレンドラ・モディのグジャラート州は、経済拡大と成長への目的を戦略化し、一定の路線を着実に歩んでいました。マンモーハン・シンの経済中心主義と相反することなく、むしろ中央政府の積極的な支持のもとで、モディの政策は進められました。

余話

〇四年の統一選挙敗退

敗北は、実に意外な展開でした。ほとんどの国民が与党だった人民党(BJP)の勝利を予測していました。コングレスの説得力、浸透力は脆弱でした。

しかし、ある事件が起こりました。選挙公示後の後半期に、デリーの人民党候補が、無料でサリーの布地を配るというキャンペーンをおこなったのです。違法すれすれですが、投票依頼をあからさまにはしていなかったので、選挙違反とは断定できませんでした。

この選挙で会議派(コングレス)は、一定水準以下の人びとに無料で何キロかの米を生活援助する、と公約していました。野党会議派(コングレス)の窮余の一策でした。デリーの与党候補がこの策に対抗したとはおもえませんが、不特定多数の人びとにサリーを進呈するというのでした。サリーが配布される商店には群衆が殺到しました。そして、圧死者がでる事態になってしまいました。こうなると事件で、新聞は大きく書きたてました。

人民党(BJP)が性癖のように孕(はら)む大衆迎合主義を、にがにがしく批判的に斜視していた人びとはいっせいに声を挙げました。多くの選挙民も同調したのです。人民党の選挙手法に異議を唱えました。

これで一気に人民党への支持は醒めてしまいました。敗北はこの事件が呼び込んだのです。


二〇〇七年、州選挙で勝利したモディは、農業経済に指針を求めていきました。植民地時代以来、もっとも農民を苦しめてきた綿花生産を、経済構造に組み込む政策を推進しました。年毎にアメリカ、中国の相場によって左右される価格変動を逃れて、イタリアのアパレル・メーカーに、全面的なグジャラート・インド綿の買い取り、原材料化を奨め、契約しました。また、河岸の整備を進め、灌漑(かんがい)用水の確保を推進しました。

農業政策は、かならずしも劇的な成功を治めることはできませんでしたが、州民には、非常に脆弱だったグジャラート農業に目が向けられたことの意義を強く印象付けたのです。

二〇一三年、ナレンドラ・モディは、人民党（BJP）の「中央選挙運動委員会委員長」に任命されます。二〇一四年の統一選挙に向けた党内組織です。

いよいよ、ナレンドラ・モディの中央政界進出が軌道化されたのです。

3　ナレンドラ・モディの政治戦略

二〇一三年九月、人民党（BJP）選挙委員会委員長だったモディは、首相候補として名乗り出ました。すでに選挙委員会委員長として全国的なキャンペーンははじまっていました。

三月頃から、モディの精力的なキャンペーン活動は、どんな田舎町にも浸透していました。九月の候補決定はいかにも自然に、あるいは「やはり、そうだったのか」といった反応でした。

すでに述べてきたように、〇四年に実施された各州の選挙は、人民党（BJP）の圧倒的な勝利でした。〇四年五月、ナレンドラ・モディは首相になりました。

一九九八年に成立したアタル・ヴァジペイ政権は、人民党（BJP）が多数派の連立政府でした。モディ政権は、圧倒的勝利に導かれて人民党(BJP)の単独政権です。ただし、二院制であるインド国会で、統一選挙は下院選挙なので上院での過半数を制しているわけではありません。とはいいながら、下院は日本でいう衆議院で、上院は参議院よりも力が弱く、BJPの政治力は、かつてなかった歴史的な強靭さに裏打ちされています。

奇妙なことに二〇一四年の選挙では、ナレンドラ・モディに対抗する首相候補、すなわち対抗馬がいませんでした。

すでに触れてきたように、与党だった会議派(コングレス)は、ネルー、インディラ、ラジヴの血をひくガンディ家の御曹司ラフルと、多くの会議派支持者は心に留めていました。前首相マンモーハン・シン自身が、在任中しばしば表明していました。インド人のブルーブラッド(血統)好きは、世襲を許してきました。独立後の第一代首相ネルー以来の血筋は、インド人にとって一種の宝なのです。

ところが、ラフルは会議派の幹事長という要職にありながら、閣僚経験がないのです。党内からも彼の手腕に不安を抱く向きも多いのです。

ラフルは、すこぶる穏健で好人物です。暗殺された父、ラジヴに似ています。それが優柔不断で決断力を発揮する政治家というイメージを遠ざけているのも事実です。

彼は、選挙キャンペーンがたけなわの頃「コングレスは首相候補を特定しない。党一選挙後の国会で首相を選任するのだから、各州代議員選出選挙で首相候補を特定する必要はない」と発言しています。たしかに制度上、この発言は正しく、首相候補ナレンドラ・モディを押し立て、彼自らが先陣を切って闘っている選挙は正常ではない、といえばいえるのです。しかし、人民党(BJP)の戦略は分かり易い。

ラフルの発言は、首相候補を絞りきれないコングレスの党内事情を暴露しているように受けとられて、どうも言い訳くさい。

ラフルの遊説は、北部インドのウッタラプラデッシュを中心にデリー、ハリヤナ、マッディアプラデッシュなどに多くの時間を費やしていました。ガンディ家のもともとの政治地盤なのです。女性、子ども、貧困などを集会の主題にしてきました。地域サークルの人びとと交流しながら語り合う彼の姿勢は、草の根的で誠実感にあふれていました。しかし、パワフルとはいえませんでした。

ナレンドラ・モディの選挙は、まず自らのグジャラート経済振興策の成功から説きはじめ、インドの豊かな未来を語りました。すでに述べてきたように、貧乏なんて知らない、あるいは、そんな過去に戻りたくない、という選挙民にはたとえ大言壮語の幻想としても希望の光を投げかけられたとおもえたのです。

ラフルの地域民と共有する問題意識、女性、貧困などは、そこから脱却しつつある、いわゆるインド新中間層には、あらためて語ってほしくない現実であり、そうした底辺と自らを差別化したいという欲求に逆行するものと映ったのです。

差別化を心に秘めた選挙民に、モディは決定的なメッセージを投げかけました。

「インドにはもう寺はいらない。寺は充分だ。それよりも、トイレだ。どの家にもトイレがある、そういう社会をつくりだそう」

日本の読者には、ただちには理解できないメッセージですが、いまでも共同トイレしかない村落が、数多く存在しているのです。そして、ヒンドゥ原理主義者であるモディが、寺はいらない、といった衝撃、しかも分かり易い問いかけが喝采を得たのです。

この発言は、例によって大向こう受けを狙った迎合主義(ポピュリズム)の表れと受け取った人びとも多かったのは事実です。メディアにもそういう反応がありました。

でも実は、この発言には奥深い意味もあるのです。インドの地方生活では上下水道のインフラはほとんど整備されていないのが現状なのです。「トイレを各戸に」というのはインフラ事業の全国的展開、雇用と土木、建設事業の大展開が要求されるのです。まさに経済活性化に繋がるのです。

ナレンドラ・モディの選挙戦は、独走状態のまま走りつづけました。そして、その結果に獲得した首相の座は、稀に見る好環境にあります。やろうとおもえばすべて実行可能な権力背景を摑んだのです。

次項では、就任後、半年のモディ政治を検証してみます。

余話　トイレは、外で……。

すでに折に触れて述べてきたように、一九九四年八月、わたしはカルナータカ州北部ハンピーの大学に赴きました。

住居は、隣町のホスペットの新興団地に借家しました。

朝、我が家の塀の向こうでは信じられない光景が出現します。

小さな子ども三人が、こちらにお尻を剥きだして並ぶのです。そして排便すると「マア、ア」と声をあげます。戸内から母親がステンレスの壺を持って飛び出してきます。手際良く三人の子どもたちのお尻を洗うのです。

子どもたちは、何事もなかったように家に帰っていきます。これが、お向かいの家の朝の儀式です。子どもたちは、三歳の男の子と五歳、六歳の女の子でした。

後には、三つの大便が並んでいました。わたしとしては、掃除をすべきなのかどうか、ひどく悩みました。

大学に通う道筋に鉄道線路があります。踏切はほとんど閉じられることはありません。

ある朝、いつもとは違う時間帯の早朝に通りかかりました。すると、線路上に何人かの人びとが、しゃがんでいます。よく見ると、それぞれ各自、しゃがんだ股の先に例の小壺が置いてあります。このスタイルは、例によって例のことに違いありません。

インド人は、イギリスが敷設した鉄道を憎んでいて、そこをトイレにして意趣返ししているのだと書いた評論家がいました。どうもそういうわけではなくて、建て込んだ集落を外れた鉄路は格好の空間なのでしょう。それに、列車はタンク式の水洗ではなく、垂れ流しなので、レール上に糞尿が撒かれます。それに地域住民は便乗しているのでしょう。

列車が垂れ流しだったのは、日本でも三〇年前までは残っていました。車内に「停車中はトイレを使わないように」という張り紙を覚えている年配の読者もいるでしょう。

わたしがインドでこうした風景を見たのは、ほぼ二〇年前のことです。しかし、二〇一四年にも残っていました。

二〇一四年一一月一五日、以前におこなった調査に、やり残しがあって、ダメ押しをするために田舎町に赴きました。小さなバス停でトイレを探しました。ありません。そこで、バス停裏の溝（どぶ）ですることにしました。最近、屋外の小用には〝監視〟の目が厳しく、付近住民から注意を受けることがある、と聞いていました。また、突然、背後から水を浴びせられたという話もあります。郡部の小バス停では、そんなことはありませんでした。それどころか足元の其処此処に、大便が散らばっていました。

公共トイレがほとんどない地方都市を旅行する場合、女性たちにとって、これほど深刻な事態はありません。特に外国人女性には深刻です。政府や州の観光局は、たびたび政府に意見具申をしています。

また、二〇一三年の「若者たちの主張コンクール」では、村落や市街地にトイレを充実してほしいという意見を述べた女性が賞を取り、賞金一〇万ルピーを獲得しています。

すでに述べたように、村落では戸外で、数戸が共同のトイレ、という生活がいまでもあるのです。日本でも、戸外のトイレは、一九七〇年代はじめまではよくありました。さすがに、数戸で共同というのは、記憶にありません。

この共同トイレで悲劇が起きています。二〇一四年、北インド、ウットラプラデッシュ州の小村で、夜、共同トイレに向かった少女が男たちに襲われ、レイプの挙句、殺されたのです。

ナレンドラ・モディの「トイレ発言」は、インフラ整備が経済活性化を呼び込むという戦略的な意図が背後にあると同時に、安定的に高度化される社会を希求する政治家のメッセージでもあるのです。

(1) 外交路線の転換

二〇一四年五月二六日、ナレンドラ・モディ首相の就任宣誓式がニュー・デリーでおこなわれました。招待されたのは、隣国パキスタン、ネパール、ブータン、スリランカ、アフガニスタンの前大統領カルザイなどでした。なにより、パキスタンのシャリフ首相が出席したことが国民の耳目を掻きたてました。

このときの招待国は、南アジア協力機構（SAARC）(注3)に加盟する各国が中心でした。モディ新首相は、それぞれの出席者たちと会談しました。かなり政治的な意図に裏打ちされた招待であることは、すぐに理解できます。

アメリカのオバマ大統領は、かねてから「アジアの時代」を標榜しています。モディ新首相には、そのアメリカの主張をアジア自らの課題として捉えようという強い政治的意図がある、と読み取れます。

また、SAARCの加盟国が結束して、対中国戦略を構築することができないかという意志もあると理解できるのです。各国は、中国に隣接、あるいは中国の世界戦略に強くかかわっています。スリランカ、パキスタンは「真珠の首飾り」と称される中国戦略上の港湾、それも軍港化に力を与えています。インド首相として立場を明確に表明し、明らかにする必要に駆られていたのです。

就任直後、モディ首相の最初の訪問国は「日本」という報道が流れました。この情報は、かなり頻繁に流され、日本にも伝えられました。

しかし、現実にはモディが最初に訪れたのはブータンでした。意外でした。国際的には無風の国で、アジアで唯一「平和と幸福」を実現している象徴的な国です。

2014年・モディ首相の外交一覧表

NO.	日付	対象国	要件
1	6月9日	中国、王毅外相訪印	首相就任表敬・首席訪印打診
2	6月15日	ブータン訪問	水力発電協力体制。相互関係強化
3	7月13～16日	BRICs新興国会議 ブラジル (注4)	習首席、プーチン会談「開発銀行」の設立
4	7月31日	米、ケリー国務長官来印	表敬・WTO批准要請
5	8月3日	ネパール訪問	相互関係強化。SAARC体制討議
6	8月30～9月3日	日本訪問	首脳会談、相互関係確認
7	9月17～18日	習首席来印	相互関係強化。経済、国境問題
8	9月27(～30)日	アメリカ訪問・国連演説	インドの未来展望
9	9月28日	ニューヨーク	マジソンスクウェアーガーデン演説
10	9月30日	ホワイトハウス	オバマ大統領首脳会談
11	11月11(～26)日	ミャンマー、オーストラリア、フィジー三国訪問	ミャンマー、ティン・セン大統領、その他、各国首脳との会談
12	11月25日	ネパール、カトマンドゥ	パキスタン、シャリフ首相会談
13	11月26日	ネパールSAARCサミット	ASEAN、APEC会議
14	12月10日	プーチン大統領訪印	原発12基建設など

モディの意図がはっきりと見えてきました。周辺国、すなわち南アジア協力機構（SAARC）の各国への接触を最初の仕事にしたのです。周辺国へ新インド首相として、その立場、態度を明確にしたかったのです。また、二〇一四年一一月、ネパールで南アジア協力機構（SAARC）サミットが開かれています。モディは、これを見据えていたのです。

前首相マンモーハン・シン首相の政権は、親アメリカを主軸にして、全方位外交を展開してきました。モディ外交は、全方位ではありますが、その内容は変わってきています。

ナレンドラ・モディは、就任直後から、実に驚異的な行動力で対外活動をしてきています。二〇一四年末までの七か月、彼の外交活動を一覧表にしてみました（前頁）。

(2) 中国、アメリカ、外せぬ緊張感

中国はナレンドラ・モディ政権の誕生に敏感な反応をしています。就任式から一週間ほどで、王毅外相を派遣して会談しているのです。九月には、習主席の訪印です。インド、モディ政権が周辺国、とくにスリランカ、パキスタンに注目した外交を展開することを察知した行動です。

インド中国間は、一九七〇年代、中国からの輸入が盛んになってきています。九〇年代の初期には、廉価で使い勝手の良い雑貨、日用品は街にあふれていました。中国製品を除いては、生活が成り立たないほどでした。

また、IT関連のハード、部品が九〇年代には主流を占めました。経済関係では、中国抜きではインドを語れない現実があるのです。ハードウェアーの生産が発展途上で、生産活動が充分ではないインドを、中国が補完していたのです。ソフト開発の下支えになっていたのです。二〇〇〇年代になると、急激に膨らんだ携帯電話の需要が、後発の韓国とともに大きな輸出品目になっています。

一方で、北部インド、カシミールやラダックでは、国境問題策定が困難な状況が数十年間、続いています。一九六〇年代の中印紛争以来の状態を抜けていないのです。

驚いたことに一覧表にある習首席来印の九月半ば、ラダック暫定国境地域で紛争が起こっています。国境警備の中国人民軍がインド側に侵入してきたのです。

事態は、習首席が中国帰国直後に発覚しました。モディ首相は何度か発言しています。「中国は、近隣との緊張を解くべきだ」という趣旨の発言は、南沙諸島、尖閣列島を含めた中国の戦略に異議を唱えたものです。インドも中国との領土問題の当事者なのです。

モディ就任から一一月までのアジア中心の外交政策の多くが、中国囲い込みに費やされたことは、このような、事あらば一触即発する情勢に対応していたのです。

ナレンドラ・モディとアメリカ合衆国の関係は、簡単にほぐれるものではありませんでした。二〇〇二年、すでに記した「グジャラート騒乱事件」の折、モディは州政府首班に就任して間もない時期でした。アメリカは、モディに対し諸国の批判に乗じて入国禁止の処置をしました。非人道的行為への報復措置といわれています。この決定は長く生きていて、二〇一四年、アメリカ大統領の招待を受けて渡米する直前まで解かれませんでした。

アメリカは、アジアの大国になりつつあるインドの政局に敏感になっていました。選挙中の二〇一四年の二月には、当時の在インド、アメリカ大使ナンシー・パウエルがモディを訪問しています。ビザ発給を停止しているモディを大使が訪問するという理屈の通らない訪問です。選挙戦の行方を見定めたうえでの先物買い的な表敬でした。

また、モディの首相就任後の七月末には、ケリー国務長官が訪印しています。外務大臣と会談し、モディ新首相とも面談しています。主目的は、WTO批准を拒否しているインドに翻意を促すということでしたが、モディ新首相が九月に訪問することになっていたアメリカ側の対応を協議していたのはあきらかです。オバマ、モディ会談の重要性を説き、説得したのだとおもえます。アメリカが、いち早く行動を起こした中国と競っていたのは当然です。

ナレンドラ・モディにとってアメリカは、インドの国内事情、とくに彼の選挙戦、その選挙基盤であるRSSやヒンドゥ原理主義の実態を理解しない強権国家と映っていました。

さらに、オバマ発言の「アジア重視」も日和見的な都合のよい態度、と理解せざるを得なかったのです。その背景には、アメリカ自身の力の低下、世界状況への影響力の低下を見逃すわけにはいきませんでした。モディは、すでに述べたように、アジア自身の結束と対応力の構築が急務、と信じていたのです。それが、中米に対する政治的、経済的圧力になるのだ、それが戦略だ、という立場を確立したかったのです。

前政権マンモーハン・シンの親米、全方位外交、欧印融和主義とモディのそれは、大きく変わっていたのです。

モディには、アメリカが抱えるアフガン、中東への危機感、あるいは中国の脅威をアメリカと共有する方向性はありませんでした。

九月末にアメリカを訪問したモディは、国連での演説を最初におこない、翌日には、ニューヨークのマジソンスクェアガーデンで二万人超の聴衆を前に、近未来のインドを高らかに語っています。この集会は、アメリカ在住の世界ヒンドゥ協会（VHP）が中心になって組織したものです。モディの出身地グジャラートは、移民を送りだした州としてインドでは知られています。アメリカに定住したインド・アメリカンは、熱狂的にモディを迎えたのです。モディにとっても、アメリカのインディアン・コミュニティは、将来に渡って頼りになる存在だったのです。彼らがアメリカ社会で紡ぎだす経済発信は、インド経済の将来に大きく寄与することは、明らかなことなのです。

これらの日程を優先した後、ようやくオバマ・モディ会談になりました。

モディはオバマの夕食会への招待を、折からの宗教儀礼期間を理由に断りました。この期間に、食事を摂ることはできないと申し出たのです。オバマは、それを受け入れて、水だけで会談に臨みました。前代未聞のことです。

オバマ・モディ会談は、双方、打ち解けることなく終わったのです。

その後、インド政府は、二〇一五年一月下旬にオバマ大統領をデリーに迎えると発表しました。アメリカのアフガン撤退やイスラム国の脅威、そして中国、SAARC諸国との印米の対応など、討議の課題は山積しています。二〇一五年初頭から、あたらしい印米関係がはじまる予感がします。それは、どのようなものになるのか、世界が注目しています。

(3) 友好国、日本とロシア

ナレンドラ・モディは、首相になる以前、二度、日本に来ています。どちらもグジャラート首班として、いうなれば経済使節としての訪日でした。

新首相は、安倍総理のアベノミクスを評価しています。自らもモディノミクスと呼ばれることを歓迎しています。後に述べるように(156頁「2章3(4)内政、経済再生」)、新首相の最大の課題は、インド経済の再生なのです。安倍首相の政治戦略とモディのそれは、問題意識に違いはありますが、おなじ方向にある、といえるのです。就任後、最初の訪問国として日本をあげたのも、インド国内にむけて、日印による経済戦略を高らかに鼓吹(こすい)したかったということだったのです。

モディの訪日は八月末から九月初頭になってしまいました。その間の新首相の精力的な活動は、認めざるを得ないものでした。ですから、日本側も遅滞を好意的に受け止めていました。そして、訪日とその成果は期待通りのものでした。すべてがうまくいったわけではありません。ですが、モディの日本に対する信頼、日本の首脳たちのインドへの期待は、揺るぎないものだったのです。

原子力開発やインフラ整備計画など、インドからの要請を無条件に受け入れるわけにはいかない事案も、相互理解を基盤にして日印の緊密な将来を確認することができたのです。

とはいいながら、日米関係については、インドにとって微妙な部分があります。日本は防衛をはじめ、すべて日米関係を基軸に成り立っています。近未来、インドがアメリカとどのような関係と政治戦略に立つかによって、東南アジア諸国連合（ASEAN）、アジア太平洋経済協力機構（APEC）などで、日本はインドとズレを生ずることが考えられます。双方、立場を明確にすることが迫られるでしょう。そうした日米印の関係に働きかけができるのは日本であり、その役割はアジア政治戦略においてけして小さくはないのです。日本にとって大きな課題になるのです。

インドにとって中国との関係で危険なのは、アメリカのメッセージに乗ってしまうことです。アメリカの対中戦略は単純ではなく、アジアにおける強大化は一定程度については認めつつ、世界への影響力は限定したいというところにいます。インドは、すでに述べてきたように、中国と国境を接した当時国であり、その強大化は差し迫った脅威なのです。過去のインド首脳は、ややもすればその脅威をアメリカが救済してくれるのではないかという期待の上に印米関係を構築していました。ナレンドラ・モディには、そういう発想はないのです。

日本にとって、こうしたインドの態度は、実は自らのものとして引き替えることができる論理です。日中関係がぎくしゃくしている現実は、インドの現在と共有できる問題意識なのだ、とインドは考えています。日本は、その回答を迫られているのです。

二〇一四年一二月一〇日、ロシアのプーチン大統領が訪印しました。

ロシアはいま、アメリカ、ヨーロッパの世界各国から批判を浴び、孤立への道を歩んでいるようにみえます。しかし、インドの対応は違います。ロシアを恃むべき国として遇しています。

今回のプーチン訪問に際して、双方はエネルギー問題の進展を期待し、推進しました。天然資源の豊富なロシアから、インドは石油、LNGガスの供給を受けることが急務です。ロシアは年間百万トンのガス供給を約束しました。また、パイプライン〝サハリン-1〟の敷設も将来展望に加えました。東欧州経由のパイプラインが機能不全に陥っている状態を、インドで解消しようという意図におもえます。

また、インドにとってもうひとつの急務である原子力発電にも、プーチンは壮大な提案をしています。ロシアはインドに、最終的には二〇基の原発を建設したいというのです。現在、インド最南端のタミール州クダンクラムに印露共同開発の原発がすでに稼働しています。今回、プーチン、モディは、将来二〇年をめどに合計一二基の原発建設を契約しました。

このようなインドのエネルギー需要に応えるロシアの力技には、日本は到底及びません。被爆国として、核兵器を保有するインドにすんなりと原子力開発協定を結ぶわけにはいきません。資源のない日本は、LNGガスや石油の供給国になりようがないのです。

印露関係が緊密化することには、一応の理解を示して、日本の道を模索すべきなのです。実は、そこには太くまっすぐな大通りがあるのです。

原子力発電所が施設されたからといって、それだけで経済が活性化するわけではないのです。いままで存在しなかったエネルギーが生まれ出たことは、インド自身、次のステップを待望しているということです。日本の出番です。インフラストラクチャーをはじめとして、農業と流通経済の活性化、工業の地方化と振興、そして当然生じてくる都市化に伴う再開発建設など、無限の可能性に挑むことになるでしょう。日本のほぼ一〇倍の広大な大地と、おなじくほぼ一〇倍の一二億超の人口、しかも二〇五〇年代には世界一になると予測されています……これらインドが孕む潜在能力は、日印の未来の可能性を保証しているのです。

ナレンドラ・モディは、中米とは違って、日露に対して精一杯友好的な対応をしました。特に、日本への未来展望を訴えかけているとみることができるのです。

プーチンの帰国後、ウクライナのポロシェンコ大統領は、プーチンがクリミアの首長をともないインドとの経済連携を約したことを批判しています。プーチンにとっては、クリミアはすでに法的にも併合が成立したと認識しているのです。

日本とロシアが、まったく異質の国内事情にあることがみえてきます。日本は、負を正に変えなければならない国内事情をインドとの関係には持っていません。振り替えなければならないような〝事情〟は、少なくとも現在的にはないのです。

(4) 内政、経済再生

ナレンドラ・モディの選挙キャンペーンでの最大のメッセージは、インド経済の再生でした。二〇〇八年以来、インド経済はそれまでの成長と拡大から停滞期を迎えてしまいました。アメリカで火が付いたリーマンショック(注5)が引き起こした世界経済危機は、インドを襲い、それまで7%台の成長を誇ってきたGDPは4・7%に落ち込んでしまいました。

グジャラート州で実績をあげてきたモディは、その停滞からインドを救いだすのだ、と訴えたのです。選挙民は、モディが推進したグジャラートのめざましい経済政策の成果を知っています。説得力に満ちていました。

モディ政権になってからの数か月、すでに観察してきたように、精力的な諸外国との接触と国内への投資要請は、大きく動いています。現実にインドへの直接投資は拡大しています。二〇一四年一一月、モディ政権発足から半年の時点で、前年比24％増加しています。この期間に、鉄鋼業の韓国ポスコ、ドイツのフォルクスワーゲン、ソフトバンク、NTT、米アマゾン・ドット・コムなどが新規参入、あるいは新規事業を展開しています。

二〇一四年、幸運なことに歴史的な石油価格の下落がモディ政権の強力な追い風になり、かねてからインド経済の減速の一因でもあった物価上昇が鈍化しました。一〇月、前年8％の高率だった物価は、5％台に落ち込んだのです。メディアは「モディの強運」と書きました。

とはいいながら、国内産業は即反応というわけにはいかず、目立った伸びを示してはいません。各州間での企業活動の規制解除や自由化が速やかに進んでいるとは言い難い面もあります。

また、官僚たちの働きぶりに、新首相モディが激怒した、という情報も流れています。官僚たちの植民地以来の怠惰な働きぶりは、会議(コングレス)派政権でも見過ごされてきました。党人であり官僚出身ではないナレンドラ・モディには許し難かったのでしょう。朝、時間通り出勤したのは、二割に満たなかったと激怒したとのことです。ありうることです。

経済再生という課題は、社会と行政機構そのものの〝再生〟でもあるのです。軌道に乗るのは、おそらくあと一、二年、二〇一五、六年までの推移を注視していかなければならないでしょう。それで、当然ともいえます。

モディの公約でもある経済再生は、着実に歩を進めているのは確かです。

二〇一四年三月一〇日の朝刊各紙は、投票後、集計がおこなわれていたハリヤナ、マハラシュトラ両州の地方議会選挙で人民党(BJP)が勝利したことを伝えています。地方議会選挙は、中央政権にとって大きな意味を持っています。インドの二院制において、上院は地方議員の互選によって決まります。五月に結果が出た下院は、人民党(BJP)の圧倒的勝利によってモディ政権が成立したのですが、上院は多数を持っていません。地方選の勝利は、このねじれを解消することになるのです。

一二月二三日、カシミール州地方議会の選挙は、四地域の集計が終わり、僅差で地域政党、人民民主党(PDP)が勝利しました。すでに述べたようにモディもキャンペーンに走った重要地域でした（119頁、囲み記事「カシミールの二〇一四年」）。

与党、人民党(BJP)は議席を倍増したのですが、モディのキャンペーンにも関わらず単独過半数には及ばなかったのです。人民民主党(PDP)は、中央政府との関係改善、連携を模索しています。中央政権との関係を無視して地方政治が成り立たないのは当然です。しかも、勢力は拮抗していて地域政党ＰＤＰの圧勝というわけではないのです。

モディ政権は、いずれ連立形態を確立することになるでしょう。

マハラシュトラ州の勝利には、地方最右派組織シヴ・セナ（108頁、囲み記事「シヴ・セナ」）が人民党(BJP)側に立ったことが大きく影響しています。

インドの地方政治、州政府は大きな力を持っています。徴税能力も強大です。上院のねじれを解消することも目的ではありますが、地方政治への説得力を持つことが、第一の課題として人民党（BJP）につきつけられているのです。すでに与党、人民党（BJP）は、連立を含めて一〇州以上を獲得しています。会議派（コングレス）は凋落の一途です。モディ政権にとってきわめて有利な方向に進んでいます。

州議会選挙は、それぞれの任期にともなって、これから先、順次おこなわれていくでしょう。暫くは、勝ったり負けたりが続いていくでしょう。ひとえにモディ政権の政策が地方に浸透していくかどうかにかかっているのです。

二〇一四年一一月上旬、モディ内閣は改造をおこないました。交代と新たな選任がおこなわれました。合計一〇閣僚に及びました。政権誕生からほぼ半年にしては、大幅な改造です。

特に世間の耳目を集めたのは、ヨガ担当大臣が新設されたことでした。海外メディアも、半ば好奇のまなざしを持って報道しました。印象としては、いよいよヒンドゥ原理主義の面貌（めんぼう）を顕（あら）わにしたか、という感じでした。モディはヨガ大臣新設の意図を、インド固有の文化、思想の奨励、振興を担当してもらう、と表明しました。

ヨガ担当大臣新設で、目立った変化は起こりませんでしたが、一部地域で、ヒンドゥと結婚したイスラム女性が、親族とともにヒンドゥ教に改宗した、というような特集記事が散見されました。こうしたことを、非宗教（セキュラー）を党是とする人民党（BJP）の末端が過剰に反応して強力に拡大、推進しようとすると、ムスリム共同体との紛争を呼ぶことになるのです。危ぶむ人びとが多いのも事実です。

モディは、折に触れて、箒を持って町に出ます。下水口や道路端を掃除するのです。地域の婦人たちも参加している写真が、たびたび紙上に登場しています。「寺はいらない。トイレをつくろう」というアピールが生きている、ということでしょう。ただし、婦人部隊は、ヒンドゥ原理主義に賛同する女性たちのみのようです。

外交に手腕を発揮し、経済の再生に傾注し、社会改革に誠実に取り組む、という政治家ナレンドラ・モディの姿勢は、いまのところ多くの支持を得ています。それが、錆つかずに、いっそう磨きたてられるのかは、もう少しの時間を経て下される結果にかかっているのです。

(注1)ヴァドナガール Vadnagar は、グジャラート州の内陸、やや東北部にあります。ラジャスタン州とマハラシュトラを結ぶ街道筋にあり、州都ガンディナガールの北部になります。ヴァドナガール Vadnagar の表記はヴァッドナガー、あるいはヴァドナガーとされることもあります。

(注2)ジャム・カシミール Jammu Kashimir は、地域のウルドゥ語ではジャンムー・カシミールとも発音します。

(注3)南アジア地域協力連合 SAARC :South Asian Association for Regional は、南アジアの地域協力機構である。一九八〇年、当時のバングラデッシュ大統領ジアウル・ラーマンの提起によって、八五年に設立された。参加国は、インド、パキスタン、バングラデッシュ、スリランカ、ネパール、ブータン、モルディブで、

後にアフガニスタンが加わっている。また、〇六年、日本、中国、EU、アメリカ、韓国、モーリシャス、オーストラリア、ミャンマーがオブザーバーとしての参加を認められている。

二〇一四年、ネパールにおける首脳会談には、モディ首相も出席している。南西アジアのエネルギー問題や教育、民主平和路線の推進などの協議に参加している。サークは、南西アジア諸国の緊密な連携を求めつつ、けして強い緊縛力を持つ組織ではなく、しかし南西アジアの広範な地域に大きな説得力を発揮している。

(注4) 147頁の表中に記したブリックス BRICs は、ブラジル Brazil, ロシア Russia, インド India, そして中国 China の頭文字をとったもので、二〇〇〇年代以降著しい経済発展を遂げている新興四か国のことである。二〇〇一年、投資銀行ゴールドマン・サックスのエコノミスト、ジム・オニールが書いたレポート「Building Better Global Economic BRICs」が最初に用いた用語と伝えられている。最後の小文字の s は、四か国以外の参加国を表している。たとえば、南アフリカなどである。

〇九年、一一年と参加国首脳会議を挙行し、二〇一四年七月（モディ首相の外交一覧表、参照）、一〇〇〇億ドルの資本金を持つ「開発銀行」の設立に至った。新興国と呼ばれる四か国は、将来の世界経済の中心になるといわれ、インドは二〇五〇年には、アメリカと肩を並べる経済大国になると予測されている。これらの国が誇る人口、生産潜在力が、未来世界を担う存在と目されているのである。新首相ナレンドラ・モディは、開発銀行設立の首脳サミットで、就任間もないにも関わらず、大きな役割を果たした。

(注5) リーマンショックは、二〇〇八年九月にアメリカの投資銀行であるリーマン・ブラザーズが破綻 (Bankruptcy of Lehman Brothers) したことに端を発して、世界的金融危機が発生した事態を総括的にいって

いる。住宅のサブプライム・ローンが破綻した。サブプライムとは、低金利の貸付ローンということで、投資目的の金融商品でもあった。「あまりに大きくて潰せない組織」であったために温存しつつ経済全体の再生を目指す、というはじめての経験を、世界規模でおこなうことになった。日本は、直接の被害は少なかったが、世界経済の破滅的な影響を受け、長く低迷を余儀なくされた。

〔2章参考文献〕

The man of the moment Narendra Modi by M.V.Kamath Kalindi Randeri, Time Group Books 2013
Narendra Modi A political Biograthy by Andy Marino, Harper Collins Publishers 2014
Indian Economony by V. K .Puri S. K .Misra, Himaraya Publishing House 32nd edition 2014

3章

農政学から民俗へ

日本とインドの共通点

たびたび述べてきたように一九九四年八月、わたしは北カルナータカ州ハンピーの大学に客員教授として赴きました。

ある夜のこと、午後九時を回った時間に玄関ドアが叩かれました。午後九時というと、わが借家のある新興団地は、深夜といっていい時間帯です。時折、強盗の出現も囁かれる地域なので、張りつめた警戒心で誰何(すいか)しました。近所の者です、という答えに応じて、ドアを細めに開けました。玄関灯のもとに生真面目そうな男性が立っていました。

ようやく警戒心を緩めて、ドアの内に招きました。

彼は、数軒先の住人で、小学校の教師をしていると名乗りました。そして、お包(くる)みにすっぽり隠された赤ん坊を抱いていました。男性はにっと微笑んで、「わたしの娘、ワシンです」「え?」「あなたの国のドラマ、ワシンですよ」「あ。おしん」「わたしたち夫婦は、毎日、ワシンを観ていました。そして、この子を授かったので、ワシンと名付けたのです」

その三年後、わたしは南カルナータカのマンガロール大学に任地を変えました。

マンガロール市内の繁華街に「Oshin おしん」と看板が掲げられた美容室を発見しました。あるとき、意を決して二階のその店を訪ねました。ちいさな美容室で、女性美容師がひとりでした。わたしは来意を告げました。「詳しいことは分からないが、オーナーが名付けた」とのことでした。

そのマンガロールの郊外、大学近くの団地に住んでいたのですが、お向かいに女性教授が住んでいました。ジェンダーの研究家でした。彼女のお姑さんと最初に会ったとき、挨拶もそこそこに「おしんは元気ですか？」と尋ねられました。

「あれはドラマでフィクションです」と答えても、会うごとに「おしんは、いまどこに住んでいるのですか？　もし元気なら、伝えたいことがあるのです」といいます。お嫁さんに当たる教授が、物語の主人公なのだから実在ではないのだ、と説明してくれましたが、会うたびにおしんの消息を尋ねる問いかけは、その後も止むことはありませんでした。

「おしん」は、ある種のインドの人びとには強烈なインパクトがあって、日本といえばおしん、というようなイメージがかたまってしまっていました。

なぜ、そうなったのか。地方の農業出身の人びとには、土地を持たない小作のおしん家族は、インドの多くの農村生活に共有されたものだったからです。現在のインドでも、解決されたとはいえない事実なのです。二〇〇〇年代に入っても、農地を持たない農業労働者は二億近く存在するといわれています。家業を農業と称する人びとは、農地を持っていて、日雇いの労働者を使って経営しているのです。大学生活をおくる学生たちは、こういう家業の子弟たちなのです。わたしのマンガロール大学の学生の多くは、父祖の職業は農業、そして実際に野良で働くことのない人びとです。

ジェンダー研究者のお姑さん、娘にワシンと名付けた小学校教師、おしんという店名の美容院の経営者、彼らは郡部の農村の生活を捨てて、人生を変えた人びとといえるのです。おしんの生き方は、彼らのものでもあったのです。

1章では、インドに横たわる「カースト」とその歴史的誤解について論究してきました。

2章では、そうした社会の暗部ともいえる底辺から立ちあがって現代政治のトップになった宰相とその思想を描いてきました。

明治、大正、昭和、それも大戦後の経済発展の下で晩年を生きた女性おしんの物語に共感し、共有しようという現代インド人を日本人は、どのように理解すべきなのでしょう。この章では、いかにも面倒なこうした問題に挑んでみることにしました。

1 「農政学」を唱えた先覚者、柳田國男

柳田國男という学者がいました。日本の民俗学を創始した人物として知られています。

明治、大正、昭和の三時代に活躍して、戦後、亡くなっています(一八七五〜一九六二年)。

岩手県の遠野市に伝わる伝承を集めた『遠野物語』がよく知られています。河童や山姫、火伏せ

の獅子、ザシキワラシなどを蒐集している書物です。

民俗学というと、日本の古い伝承を集め、習俗、宗教、儀礼、祭礼、芸能を研究する分野です。現代の生活からは遠く離れた事象を、現地にフィールドワークして蒐集し、古い生活を記述、論考するのが目的とされています。インドでも民俗研究は盛んで、わたしが中世遺跡の村落ハンピーに赴いたのも、関心はそういうことにありました。

わたしは、若い頃から民俗と芸能に関心を寄せ、ほぼ四〇年に渡って日本、韓国、中国、そしてインドを渉猟してきました。ですから、柳田國男の著作はわたしにとって教科書でした。

ハンピーの大学でのわたしの主任教授は、「インドの民俗は、数百年、変わらずに存在している。失われたものを求めていくのか、現代を求めていくのか、どちらなのか、ときに自分を見失う」とフィールド調査から戻った研究室で呟いていました。ほんとうに実感できました。

わたしは、民俗というものが、実は今の時代、特にフィールドを現実におこなっている現代の生活、経済、政治体制から与さなければ理解できないことに気づきはじめていました。古い時代を解釈することもまた、現代の視線が必要なのです。民俗、芸能や祭礼へのまなざしに、わたしの時代からの視覚を持たなければならないとおもうようになったのです。そのおもいは、あまりにもゆっくりと養われてゆきました。なぜなら、民俗史と現代は、かけ離れた、しかもアカデミックな思考から離れたものとされてきたからです。現代経済、政治と体制、そして社会と民俗は語るべきものではなかったのです。わたしは、現代インドを学ぶことで、その壁を越えてしまいました。既存のアカデミズムを逸脱することに、もはや躊躇しませんでした。

柳田國男は、明治時代、さらに、それ以前の民俗生活を見出すことに、信じられない精力的な活動をしました。そして、日本民俗学の第一人者になりました。

ところが、柳田國男は農政に関する論文・講義録を残しているのです。明治三〇年代から四〇年代初頭にかけて、早稲田、専修、中央の各大学で講義し、講義録を残しています。柳田の農政学者としての生活は、初期の活動です。彼は、短い間でしたが、農商務省に職を得ていたのです。当時の東大、すなわち帝国大学をでて、農商務省に奉職した最初の法学博士でした。

インドは農業国です。ITや金融、自動車産業のめざましい拡大に目を奪われていますが、底辺を支えているのは農業です。約一二億の人口で、しかも主食のコメを自給しています。インド人がもっともよく消費する玉葱、トマトが一キロ三〜四〇円で流通しているのです（二〇一五年当時）。この生活負担のない農産品価格が、インド人の経済生活、経済成長を支えているのです。

かつての日本もそうでした。金は天下を巡らないときがあっても、米は、なんとかなっていたのです。ひとえに農民たちが貧しくとも困苦に耐えて勤勉だったからです。現代、日本の農業は根本的な存在の危機に侵されています。農業国である国家の存亡が問われるところにさしかかっているのです。

柳田國男は「農政論」を「農業政策という語は精確に言わば農業経済政策なり（『農業政策学』明治三五～六年）」と論じています。注目すべき視覚です。

すでに例示した三人の「おしん」ファンは、貧しい農村出身者たちです。彼らは、彼ら自身が貧しい、柳田のいう「小作」の出身であるかどうかはともかく、厳しい農村生活の只中で育ってきたのは事実なのです。

柳田が農商務省の役人生活の経験から発言しなければならない問題意識として見出したのは、時代こそずれていますが、インドと日本に課せられたものだったのです。いや、時代を変えて、現代日本でも農業、農村の事態は変わっていないのです。

柳田農政学に注目する現代のオピニオンリーダーに、山下一仁がいます。氏はいっこうに改革路線が具体化されない「農業協同組合（JA）」、そして対立したまま硬直している「環太平洋経済的連携協定（TPP）」などの懸案に立ち向かわなければならない農業を、論じて止まない唯一の人物です。氏は、ときに応じて柳田國男を引用し、その先見性に注目しています。（注1）

貧しさの質実は、おしんの時代とは姿を変えています。しかし、日本産業の一分野としての農業の置かれている立場は、それほど変わってはいないのです。そこには、日印に共通する第一次産業である農業とそこに従事する人びとの社会的な存在意義が、それぞれの国情に緊縛されつつ現実としてあるのです。

柳田のいう農業経済政策をもう一度、読み解き、ときには問題の所在を民俗に還しながら考えることが、インドの「カースト」と呼ばれる幻想と誤解に迫ることになり、現代日本の抜け難い「病」を解くことになるのではないか、と本章で挑むことにしたのです。

現代農業と「環太平洋経済的連携協定(TPP)」

二一世紀に入って世界各国は、自由貿易協定(FTA)、経済連携協定(EPA)の議論を加速させてきました。事実上の関税撤廃論です。

FTAは、二国間協定で以前からある貿易関係を緊密化し、双方の流通機構を円滑化することが目的なのです。

また、EPAは多国間貿易の自由化であり、当然、国家間の関税撤廃、その品目が議論の対象になってきました。それぞれの国が要求する産品品目を統一するのは、議論を煮詰める必要があり、安易な妥結が成立し難いのは当然でした。

しかし、二〇〇五年、シンガポールを中心にした環太平洋経済的連携協定（TPP）が提唱されました。世界経済の根幹を改革する制度の出現でした。当事者国だけではなく、世界は驚嘆し、戸惑いました。それでも、多くの、特にアジアの新興国は好意的に迎えました。

早くも一年後の〇六年には、調印、発効されました。シンガポール、ブルネイ、チリ、ニュージーランドの四か国でした。経済国シンガポールが、ブルネイやニュージーランド、チリなどを対象にした経済活性の道は、それなりの説得力を持っていたのです。

二〇〇八年、アメリカが参入してきました。オーストラリアの参加方針を下地に、アメリカは日本の参加を呼び掛けてきました。

二〇一〇年、日本でアジア太平洋経済協力機構（APEC）が開催されました。会議の議長を務めたアメリカのオバマ大統領は、日本のTPP参加を再度、要請しました。

オバマ政権が提起した「アジアの時代」とは、こういうことなのだと受け取りました。

〇八年頃から日本では、議論沸騰でした。賛否は、はっきりしていました。参加に積極的な論者は、あたらしい経済秩序を受け入れることが、デフレに喘ぐ日本経済の活路になる、と唱えました。しかし、特に農業関連からの反発は強烈でした。日本の農業を壊滅させるものだという激しい議論も横行しました。実はTPPにより大きな影響を被るのは、世界に冠たる自動車産業であり、サーヴィス先端産業の著作権などなのですが、日本での議論は、農業ばかりが強調されてしまいました。ここに、日本農業の特殊な状況があるのです。

二〇一一年、アメリカの主導は鮮明になり、オーストラリア、マレーシア、ベトナム、ペルーなどが加わって拡大加盟交渉国を形成しました。ようやく日本も交渉加盟国として参加しました。

一二年の最終妥結を目指すとしていましたが、成立しませんでした。内容は秘密交渉として進めるという合意によって、非公式な推測報道のみが流布していて正確な全容は把握できない状態が続いています。

一四年、主として日米間交渉が滞って、ぎりぎりの年末になっても妥結、発効に至りませんでした。二〇一五年は、いよいよ正念場で、日米のみならず加盟国全体が注目し、結果を待っている状態です。

「農業協同組合（JA）」と「全国農業協同組合中央会（JA全中）」

日本の農業協同組合、あるいは農業改善運動には、歴史の厚みがあります。

江戸時代、二宮尊徳（そんとく）、大蔵永常（ながつね）、大原幽学（ゆうがく）など、農政を説いてその改革を実践した人びとは、少なくないのです。さらに、彼らの業績はけして小さいものではありません。灌漑水路の設置や米作暦の設定など、農業振興に役割を果たしています。

しかし、江戸幕藩体制の下での活動には自ずと限界があったのも事実でした。たとえば、千葉県香取郡（現、旭市）で実践活動に携わった大原幽学は、村落の要請に従って藩内の移動を繰り返したため、その行動を疑われ譴責（けんせき）されて、自刃（じじん）しています。彼が提唱した「先祖株組合（一八三八年）」は、地域協同組合の先駆的事業でした。

一方では、農民の誠実な勤労を奨励するあまり、道徳や体制への忠誠論に傾くきらいもありました。結果として零細農民層の固定化を導いたことにもなったのです。

一九〇〇（明治三三）年、産業組合法が公布されました。公布によって、限られた、しかも地域密着型の小規模な組織でしたが、産業協同組合が設立されました。実質的な「農協」の誕生でした。日本の農業協同組合は二〇世紀まるごと、一〇〇年の歴史を誇っているのです。

一九〇二（明治三五）年、柳田國男は『最新産業組合通解』を書いています。速（すみ）やかな反応です。「此法の適用は広く産業界の全部に及ぶものなれども、当今資本融通の途に乏しく労働の困難にして利益の少なきこと農業を以て最甚しとするを以て、従て産業組合の制度により其維持と発達を計る必要も、農業に於て最適切に感ぜらるるならんと信ず」（『序論』）と述べています。

一九四八（昭和二三）年、戦後間もない当時、占領軍だったアメリカの指導もあって、農業協同組合が設立されます。産業組合から五〇年、一〇〇年の歴史からみると折り返し点になります。全国的な規模の組織になったのです。とはいいながら、いわゆる産業別組合で、横断的な全国組織ではありませんでした。各地域に協同組合が出来た、ということなのです。

一九七二（昭和四七）年、全国農業協同組合中央会が結成されます。

ＪＡ（Japan Agricultural Cooperatives）は、都府県、市郡部に所在する組合と、それを集約する全国組織（ＪＡ全中）の重層化された組織体なのです。

ＪＡ全中は、一〇年を経ずに、たちまち巨大な組織になりました。「全中」は、地域農協を指導、監査、そして広報を担う文字通り中央統括組織になっていきました。

現実には、地域農協は、全中の上意を受け入れる下部組織化していったのです。全中は、市中銀行をはるかに凌ぐ金融機関を擁し、運輸、車両、そして、なによりも収穫された米麦の販売権を握ったのです。

江戸時代から、日本の農業は米作中心主義でやってきました。農民自らが主食として米を食すための米作ではなく、年貢であり納税のためでした。戦後になっても米作中心主義は変わりませんでした。より強固になったともいえるのです。

戦中、戦後の食糧不足を救いだすという政府制定による食糧管理法（一九四二年）によって、農民はより強く米作に勤しんできたのです。農協は、管理法に従って買い上げられる米価を引き上げることに腐心してきました。「農家、農業を守るために、……」がキャッチワードでした。

一九九五年、食官法の廃止にともなって、二〇〇〇年代に入ると米については自主流通が認められ、ようやく一部では自由な販売もおこなわれるようになりました。高齢化と離農によって疲弊した農村を改革したいという意欲がもたらした行動です。

農協の歴史は、米作中心主義の歴史でもあるのです。この米作中心主義が、二〇世紀末には食糧自給率38％という世界に例を見ない農業衰退の一因になったことは、否めない事実です。

年毎の米価引き上げ闘争は、農協に政治的な力の保有を迫ってきました。いわゆる農林族、農業族議員を国会に送り込むのが、農協、全中の大きな仕事でした。

食官法の廃止、政府による農協組織の改革、ＴＰＰなどの世界的動向に曝された全中は危機感を増大させます。二〇一四年の総選挙でも、全中は農村を基盤にする立候補者たちに、農協への誓約書を提出させるように画策しました。立候補者たちは、一部を除いて、かならずしも賛同しませんでした。

二〇一五年初頭、政府は前年から積み残しになっていた〝全中解体論〟の推進を加速させています。冠婚葬祭から、農業車両（トラクターなど）機器購入、農家の総収入、預貯金の管理まで農民生活の全般を、いうなれば「支配」してきたＪＡ全中、農協はその巨大王国の崩壊に直面しています。農業が、どのような近未来を迎えるのか、歴史的局面に対峙しているのが現実です。(注2)

2　柳田國男の農政学と山下一仁の農協解体論

柳田國男は民俗学研究を本格化する直前に農政に関する講義、著作を残しました。一般的には、彼自身の専門領域を逸脱したように受けとられています。官許アカデミズムに入りきらない活動と受け取られているのです。特に、彼に従った民俗学徒たちは、彼の農政、協同組合論を無視してきました。それは近、現代民俗学の限界でした。すでに触れたように「自らが生きる時代」を看過してきたのです。民俗は、政治や経済とは無縁、と諒解してきました。それが、〝野の学〟といわれたあたらしい研究、学問である民俗学が、アカデミズムに列せられる道だと信じ込んできたのです。とんでもない誤謬に陥っていたのです。

しかし、柳田が講義、あるいは提起の論文を発表した当時から、農業への問題意識を共有しようとした人びとが、極めて少数ですが、いました。その後も、彼の論議を見過ごせないものとして論評した人びとも、断続的でしたが、いたのです。過去のそうした人びとについて詳述することは、ここでは避けます。

現代、すでに記してきたように（170頁、囲み記事「現代農業と『環太平洋経済的連携協定』、『農業協同組合』と『全国農業協同組合中央会』」）農業の危機的な状況に対して、果敢な論陣を張る人物が登場しています。

オピニオンリーダー山下一仁については、すでに触れました。彼がどのような主張を、柳田國男の提起に添いながらしているのか、検証してみる必要があるでしょう。

二〇〇三、四年頃からの氏は、農協（JA）と環太平洋経済的連携協定（TPP）の成否を問うことが主眼になっています。山下氏の主張は、当然、いわゆる農業族議員、ＪＡに支援された政治家や農林省そのものへの批判になります。現代農業政策の核心をつくものです。それは、激しい戦いです。氏は、そこに一〇〇年以前に大胆な提起をした柳田國男の主張をくみ取り、新たに理解を進める論拠を求めています。山下氏の主張を柳田農政論と照応しながらまとめてみると、

①柳田は、農業を保護するためには高い関税の保持ではなく、生産性の向上が必要である、と説きました。

明治末年の農業人口は二〇〇〇年代の数倍以上もありました。零細な小作農業を中規模農家にしていくことが必要なのだといったのです。農村から都市への人口流出を恐れるべきではなく、農家戸数の減少によって農業の規模拡大がおこなわれるのなら、そのほうがよいのだといっていました。零細な小作人たちは、生産した米の半分を地主に収めなければならなかったのです。地主たちは

「国防強化」のためと称して米価の引き上げを政府に要求していました。地主たちの政治活動でした。高い関税が高い米になり、高コストは国際競争力を阻喪させます。

柳田は、都市労働者の家計を考えれば、外国からの輸入で米価が下がるのなら、それはそれでよいではないか、とさえいっています。農家の規模拡大によって生産性の向上を計り、競争力を養うほうが農業政策として正当だと提言しているのです。農業が「安全にして快活なる一職業」になることが、「帝国」の基礎を強固にすることなのだ、と高言しました。すなわち『日本は農国なり』『農業の繁栄する国』になるのだといったのです。

②山下氏は、明治後期の農業を語りながら、まるで現代農業を写し取ったかのような議論を展開しています。

「農産貿易の今の議論は、一〇〇年前と変わりない」と喝破しています。現代でも、日本農業の規模は小さく、柳田が新国と呼んだアメリカ農家の規模に及ぶべくもないのです。これも一〇〇年間、変わらない現実です。

農地の規模の拡大には、国土の狭小から、たとえば中農化を進めても限界があります。それを打開して、ほんとうの農業国ニッポンを実現するにはどうしたらいいのか、山下氏は大きく三項目の提案をしています。

A. **農業生産形態の改革**……あたらしい生産物への転換、西洋野菜や果物など、米中心主義、その保護政策を離れて、現代生活に対応可能な多様化を推進していかなければならないのです。それが輸出に反映され国際競争力を生みだし、付加価値をつけることになるのです。

B. **農業者自身による販売網の確立**……JA買い上げ制度はもとより、農家が価格設定できないような体制を改革する必要があります。事業としても農業は、生産と販売、利益の確保を自らの計画性によっておこなっていかなければならないのです。

C. **米の国際化**……日本のジャポニカ米を世界に認識させ、輸出商品化することは可能なのです。そのための国際競争力を養うには減反政策の廃止が急務です。減反政策は、国内産米の価格維持のためだけに機能してきました。これを廃止して、価格を自由化、すなわち農業者自身が、自前生産品の付加価値を含めて価格設定をすると、実は、充分にアメリカの高級米やその他、諸国の中級米との競争力を持てるのです。減反廃止による米作耕地面積の拡大は、低コストを約束しているのです。

二〇一五年初頭、政府は首相自らJA全中の解体、改変を表明しました。二〇一四年一一月、J

A全中自身も改革案を提出しています。山下一仁の長年の闘いは成果を上げようとしています。だからといって、一〇〇年前の柳田國男の提案が受け入れられた、とはいえません。

二〇一五年一月一六日の朝刊各紙は、安倍首相がJA全中の改変、解体を断行する、と報じました。一八日には、担当閣僚が「JAの岩盤」である金融銀行、商業商社、保険業務の規制を突破する、と明言したと伝えられました。全国には七〇〇超の農業協同組合があります。その頂点に立って岩盤規制をおこなうJA全中の支配の構造を破壊、改変しようというのです。山下氏の積年の主張は、一定の成果をもたらしました。しかし、これからの闘いこそが大切なのです。政府、行政の実行能力、全国の組合が本来の自由で闊達な活動をほんとうに実現できるのか、など、山下氏の闘いは止まることはないでしょう。

TPPに関しても、中心になるはずのアメリカは、批准のための国内法の整備が遅れています。日本は、JA農協改変に連動して、TPPで主導権を握ることも可能なのです。

山下一仁という明晰な理論家への信頼と期待は、多大です。多くの人びとが、これからの日本を託す斬新な論理を待っているのです。

〔この項、参照〕
山下一仁『日本の農業を破壊したのは誰か　「農業立国」に舵を切れ』講談社、二〇一三年

山下一仁『農協解体』宝島社、二〇一四年
山下一仁『日本農業世界に勝てる』日本経済新聞出版社、二〇一五年
ほか、同氏による経済誌（紙）など、論文、報告、ならびに著書、多数

3　非土地所有農業労働者「ダリト Dalit」

山下氏も認めていますが、柳田國男は繰り返し日本農業の問題点として、零細小作農業に言及しています。山下氏は、一〇〇年後の現代日本農業も、現実として零細だといっています。明治時代と現代日本の農村は、もちろん形を変えています。しかし、柳田のいう「一職業」として事業化されてはいないのも事実です。老齢化、農村の過疎化など、健全な経済活動を阻害するようなマイナーな問題意識に取り巻かれています。

すでに述べてきたように山下氏は、ＪＡ全中やＴＰＰの問題に切り込んで、その未来的解決の展望を示唆しています。彼の主張の説得力は敬服に値します。

しかし、より深く、根源的な精神の風土が立ちはだかっていると、わたしは考えています。柳田

が、民俗と卑近距離にありながら問い質そうとしたことが、そこにはあるのです。それは〝農業〟が持つ宿業のようなものなのです。

インドには、ダリトDalitといわれる人びとがいます。

ダリトは、〝Depressed抑圧された〟という意味のサンスクリット語と英語が混じった造語で、通常、最下層の非土地所有の農業労働者をいっています。現代では、英語としても通じています。一般に、ジャーナリズムなどでもカーストのひとつのように扱いますが、間違っています。ダリトは、共同体でもなければ職能集団(ジャティ)でもありません。彼らは、地域によって違いますが、本来は動植物を狩猟していた山の民や動物の皮製品を製造する川辺の民などで、それぞれ、自らの共同体に所属しています。もとから村落の周辺、里の民だった人びともいます。被差別民として村落の卑近にいました。

彼らは、インド解放独立後も土地を持つことができず、日雇い、あるいは収穫までの単年契約の小作として農業労働をおこなっているのです。植民地以前からの藩王国とそれに付随した地主階層に使役されてきたのです。イギリス植民地時代、最上階とされたブラーミンがイギリス政庁に登用されたことで〝カースト〟が固定強化されたことは、すでに詳述してきました(13頁「1章1 カースト、その成り立ちの歴史」)。ダリトは、最下層民の総称として固定化されたのです。造語であるダリトは、きわめて曖昧で雑駁な、具体的概念のない呼称(ターム)なのです。それでも流通率は高く、便利な

インド、カルナータカ州の稲畑

用語なのです。そして実は、農業の本質的な問題が、このタームには潜んでいるのです。

　二〇〇〇年代に至っても、二億人に及ぶ非土地所有の農業労働者が存在するといわれています。インド総人口の一二億超の60%近くが農業で、非土地所有者は人口比、16%強にあたります。非土地所有者は現代日本の農業人口率のほぼ二倍に達しています。ときには、部族（トライブ）とも呼ばれて、それぞれの共同体を離れることなく生活しています。彼らこそが、インド農業を実質的に支えているのです。インドの総人口一二億超のうちの二億人ですから、充分に農業生産を支える能力を持っているのです。

　インドの農地改革は、独立開放後の一九五〇年代からおこなわれてきました。数度にわたって施策された解放によって小規模農家が急増しました。六〇年代には「緑の革命」と名付けられた農業振興政策が発足しています。ダリトは、そこからこぼれおちて、現代でも非土地所有民の立場から抜けられずにいるのです。

一九八〇年代末からのインド経済の発展は、農業生産の拡充によって飢餓がなくなり、教育事業の振興をもたらしたのです。支えてきたのは、ダリトたちの弛（たゆ）まぬ労働の成果といえるのです。IT大国は非土地所有の農業労働者、ダリトによってもたらされたのです（1章参照）。

インド経済の近、現代的課題のひとつに村落からの農民層の離反、都市労働者への転換があります。柳田流にいえば、当然のことで、本来、農業人口の減少は中農化を促すはずです。それでも、すでに述べてきたようにインドの非土地所有労働者ダリトは、都市への流出は少なく、父祖の地域から離れようとしないのです。日本では、農業人口の減少、老齢化が著しく、それが農業の衰退への道を加速させ、危機的な状況になっています。

日本とインドは、おなじような農村問題を抱えながら、姿を変えているのです。日印ともにマイナーなのですが、日本では少数者と化し、インドでは下級と解せる意味合いなのです。

余話　教授になったダリトの娘

ひとりの優秀な女子学生を紹介します。

彼女は、南インド、カルナータカ州とケララ州の境界地帯の出身で、母語はトゥルー語です。非文字言語トゥルーの伝承文学や民俗をカルナータカ州の公式言語カンナダ語で博士論文を書くためにマンガロール大学に在籍していました。

彼女は山間農業地域の出身です。山間農業というのは、ココナツや檳老樹、胡椒、カーダモン、カカオなどを生産する地域です。インドの農業、特に南インドでは、田畑の農業以上に重要な産業です。

彼女は、幼少時から優秀で、小学校時代から奨学金を受けていました。大学の博士課程では、厳しい査定と試験を通過して、州政府の奨学制度に合格しました。わたしは、この過程をつぶさに観ていました。修士課程を終えた頃から、彼女は博士論文のテーマを決めていて、わたしに相談していました。大学の仕事としてはガイダンスということになります。わたしは、アメリカの人類学者の著作などを日本から運んで、貸していました。たびたび従妹などを連れてわたしの家を訪ねてきました。

あるとき、彼女に尋ねました。「おかあさんは働いているの?」「はい。黄麻(ジュート)の敷物やココナツの繊維でマットなどを編んでいます」「お家でできる仕事だね。で、おとうさんの職業は?」「父は、職業、ありません」きっぱり、はっきり答えたので、戸惑って聞き返してしまいました。
彼女の父は、まさしく非土地所有の農業労働者なのです。それも日雇いです。日毎に日当をもらっているのです。檳老樹やココナツの一〇メートル以上になる木に腰縄一本でするすると登って果実を落とす神業を発揮して働いているのです。

それは、彼女がはっきりいったように「職業」とも仕事としても認められていないのです。依頼する地主にできる技ではありません。でも、職業として認知されてはいないのです。彼女の家系は、もともと先祖以来の山の民でした。山間で植物や小動物の狩猟で生計を立ててきたのです。それが都市化の波に押されて生産地である山や森から追い出され、ダリトとして里に住むようになったのです。実は、山の民の生活は豊かでした。白檀（びゃくだん）や薬草は、高価で貴重でした。動物の毛皮は、世界的に珍重されていました。山の民は、父祖から伝承された白檀や薬草の群生地を守っていました。家族以外には、秘匿（ひとく）していました。

彼女の父は、そうした豊かさのすべてを捨てさせられて、「ダリト」という屈辱的な呼ばれかたとともに、里に降ってきたのです。正確には、祖父の時代だったそうです。

彼女は、博士論文を書き上げると就職しました。学部大学の選任講師となりました。
すぐに結婚しました。夫君は、おなじような共同体出身で、通婚可能な職能（ジャティ）の男性です。恋愛でした。

彼女は、山の民である家系への誇りを持ち続けていたのです。結婚して子どもを産むことが自身の出自への自己証明だと考えていたのです。子どもを自分の母であるおばあちゃんに預けて働くことに、大きな喜びを味わっているのです。

二年後には教授になりました。

4　零細小作農業とダリト Dalit

ダリトという曖昧な概念のもとで非土地所有の農業労働者は厳しい生活条件に生きてきました。それでも、一九八〇年代末からの経済成長は、彼らの賃金を上昇させてきました。経済学者によっては、これが農業産品の高騰を誘ってきたといっています。しかし、高度成長期のインドは大都市周辺部ばかりではなく、地方都市への人口流入も止まることはありません。八〇年代末から九〇年代末までの一〇年間で、ほぼ15%、農村人口が減少しています。

すでに述べたように、ダリトといわれる人びとは、在地を離れることは稀です。村を離れるのは、小地主の次、三男が顕著です。彼らは高等教育を受け、都市生活へ流れていったのです。彼らは、少しでも条件の良い職場に殺到します。それが、人件費の高騰を呼び、結果として農業地域での非土地所有の労働者の賃金を押し上げました。

インドに人口の世代間格差は、ありません。すっきりした円筒形の寸胴状態です。老齢化や少子化とは無縁です。そして二〇五〇年代には、中国を抜いて世界一になると予測されています。都市化が進むのは当然です。

ある小規模農場の経営者は、ダリトの賃金が上がりつづけることを嘆きます。彼の田地は二ヘクタール、二町歩ほどです。彼自身は、農地で働くことはなく、大手の運送会社に勤務しています。事務職です。

一九九六年頃は賃金が八〇から一〇〇ルピー（当時の換算で一六〇〜二〇〇円）だったのに、二〇〇五年以降、一五〇〜二〇〇ルピー（一七〇〜三六〇円）になったというのです。

ルピーの為替相場が、好況で上昇していることを勘案すれば、それほどではありません。彼にとってはルピー価でほぼ200％も上昇していることが不満なのです。大小を問わず地主たちは、ダリトが労賃を上げること、そのものが快くないのです。

地主たちにとって、農産は大地の恵みがもたらすもので、ダリトたちの労働によって賄われているのだ、という認識がないのです。労働の賜物として収穫が得られるのだとは、おもっていないのです。たとえば、一〇メートル超のココナツに登る神業によって果実を手にすることができ、それが問屋に売られて収入になっているという現実があっても、地主にはそれがダリトの特殊能力による〝生産〟だとは認識できないのです。

ダリトの側に立てば、労働はその場限りのサーヴィスでしかないのです。誰からも褒められることのない報われない作業です。意欲を以て仕事に喜びを感じることなど望むべくもないのです。田を耕し、生育に従って灌漑を調整し、雑草を除き、やがて米が実り収穫に至るという技量をともなった過酷な労働は、誰からも評価されることがないのです。

日本の小作農業者たちはどうだったのでしょうか。インドの人びとが、日本の連続ドラマ「おしん」に熱烈に共感する姿のいくつかを紹介しました。

柳田國男の時代、そして、あの「おしん」の時代、日本の小作農業者たちはインドの非土地所有労働者ダリトとおなじような精神風土にあったといえるのです。

柳田國男が一〇〇年前に提起した農業経済論は、現代インド農業にもいえるのです。一世紀の時空を越えた説得力を発揮しています。日本は、注目しないわけにはいかないのです。そこには、日印の将来、いや日本の近未来を拓く道筋が潜んでいるからなのです。

5　あらためて注目される柳田國男

現代日本を論ずる幾人かの論客が、柳田國男を評価しているのを知っています。論者たちは共通して、民俗研究者ではありません。たとえば、日下公人は経済を専門としながら哲学的思考を以て、柳田國男に触れています。彼の著述は、柔軟で視野を拡大し解放感に満ちた発想で迫ってきます。最近では、佐谷真木人『民俗学・台湾・国際連盟　柳田國男と新渡戸稲造』（講談社、二〇一五年）、佐藤健二『柳田國男の歴史社会学』（せりか書房、二〇一五年）など、民俗学者柳田に新たな照射が与えられています。

もうひとり、政治・経済学の立場から柳田國男に迫る研究者に注目しています。佐藤光の著作『柳田国男の政治経済学――日本保守主義の源流を求めて』（世界思想社、二〇〇四年）は、迫力のある警句に満ちたページの連続です。(注3)

佐藤氏は、「平和と民主主義と経済成長を実現してきた戦後日本の条件は急速に失われつつある。冷戦が終わった今日の世界で、アメリカが昔のように日本を守ってくれる保証はなく、中国やインドなどの追い上げが激しい国際経済環境のなかで、昔のように日本が世界市場を席巻する理由もまったくない」と日本の現状を喝破しています。そして「なんらかの改革」によって転換を図らなければならない、と説いています。すなわち「戦後日本人の思考様式を自ら疑うという、思考の構造改革」が何より必要なのだと論を進めて「柳田國男」はその思考の構造改革に多大な示唆を与える貴重な思想家なのだと述べています。

佐藤氏は、著作の副題にあるように「日本保守主義の源流を求めて」、そこで到達するのが柳田國男だといっているのです。

佐藤氏の論は、イギリスの政治哲学者で保守主義者のエドモンド・バーク Edomund Burke（一七二九〜九七）を保守主義の源泉として例示しています。フランス革命を否定的に論じたバークは、旧来の体制の役立つ部分を「保存しつつ改革する」と主張し、「ゆっくりとしているが切れ目のない進歩」が保守主義の本来的姿だといっています。フランス革命が、過去のすべてを捨象して革命と称したことに異議を唱えたのです。

佐藤氏は、バークの「保存しつつ改革する」という視点に柳田國男と同質なものを発見しているのです。柳田は「死者と未生の者」の連続性に生きることこそが、日本人の精神風土なのだと説いているのです。現在の自分はこの世にない先祖たちに規定されているばかりではなく、まだ生まれてこない未来の子孫とも連続性を持っているという意味です。

論を進めるのに性急になってはいけないのですが、インドにおける職能共同体（ジャティ）は、まさにこうした精神によって成立しているのです。

(1) 中農化政策と市場の形成

佐藤氏は、柳田の中農化政策と市場経済論にも注目しています。

柳田國男は、小作や小農業者が土地を離れ、中農家が中心の農村に変貌していくべきだ、いくだろうと予想していました。二町歩の中農が単位になれば日本農業の改革になるともいいました。そして柳田は、中農化は、農産品市場を変革するとも述べています。

地場でおこなわれる小市場、町場に街路に並ぶ朝市やアネコ市、そして十日市場、六日市など、現代では地名だけになった小市場は、農民と町の消費者を結ぶものでした。地産地消です。それが、郡、県単位の中市場と併存し、やがては規模を拡大して外国との市場を形成していくことになる、というのが柳田の発想でした。小、中、大が多層化して消費市場を開拓していくというのです。これが「市場拡張の普通の順序」だといっています。

中農化政策は、日本では戦後の土地解放によって、ほぼ実現されました。戦後の農業基本法の策定にあたった担当者は、その六〇年以前に柳田が指摘していた中農化論に驚嘆しています。

残念ながら、日本では戦後の土地解放政策と米作中心主義の徹底化、農業協同組合のゆがんだ発展と権力化によって、一時代は隆盛した農村が疲弊してしまった現実があります。底辺の基盤になるはずの地域小市場も、その機能を失ってほとんどがなくなってしまいました。すでに山下一仁氏の主張を辿りながら述べてきたとおりです。

(2) 国家と身土不二(しんどふじ)

佐藤氏が見出した日本の「社稷(しゃしょく)」すなわち国家、宮廷、その尊崇する神霊とは、家の祖霊に興(おこ)って祖霊にいきついているのだといっています。正しいのです。少なくとも、柳田の思想性を恃んで日本人を解明すると、そうした論理にいきつくのは必然なのです。

先祖崇拝が、神格信仰の拠りどころになっているのです。先祖は神であり先祖霊の所在地に身を定めることが生存の一義的な条件なのです。身土不二、ということです。

身土不二は仏教からきた言葉で、最近では地産地消に関連して食文化の用語として使われていますが、本来は、自らの存在は生地の土地に因縁を持ち、規定されているのだという意味なのです。佐藤氏は、この語で先祖崇拝と地縁を簡潔、的確に語っています。

柳田國男を読み込む佐藤氏の視覚は、民俗的思考と「古くからの経済、社会の風土」が現代への連続性を保有していることを語って余りあります。民俗と経済という異質な分野は見事に融合しているのです。

柳田は、同族、あるいは家族、親族は、同一性を持った先祖霊、そして血統(アンセストリー) Ancestry を尊崇することで過去と未生、将来に生まれてくる子孫とともに生きられるのだというのです。家系史の連続性を保ち、その同一性を持った先祖霊は、やがて天皇を雛型として自己統一を得ているのだと、柳田の言説を読み取ることができるのです。

日本人は、たとえば近世幕藩体制において、行政機能を持っていた大名、将軍ではなく、天皇への神話的理解を自己統一の基盤にしていたのです。「雛型」と理解したのは、宮廷という神話的な御殿（具体的には清涼殿）でおこなわれる儀礼の一切、「まつりごと」に集約された祖霊の頂点を観ているということなのです。それは、民主主義が定着した現代でも、精神的風土として変わらずにわたしたちを支配しているのです。

先祖崇拝は、正しく宗教とはいえません。戒律や教義はありません。信者は、教典があって遵守すべき義務を負っているものではありません。しかし、信仰ではあります。村や町、小集落や家の土地の片隅に神社や祠堂を持っています。社会にあまねく礼拝の場所を持っているのです。年毎、あるいは節季毎の儀礼や祭礼を欠かすことはありません。人びとの精神は、こうした儀礼や祭礼が、神話的な規範として天皇に繋がり、導かれるものだと信じているのです。道徳や社会的倫理は、そこで規律が保たれている、としているのです。先祖霊は氏神と重なり、地域の神格となって、天皇を頂点とした神霊信仰共同体を形成しています。日本人の国家観です。祖霊神は、国家の内側にあって、天皇の規範を逸脱することはありません。

国家の論理としては、曖昧でもどかしい感覚を捨てられないのですが、心底には触れられない核のようにあるのです。ときには危険で、悪用された不幸な時代もありました。しかし、日本人は、権力的に制度化された「神話」を無視したり撥ね退けたりする力を潜ませていました。「曖昧でもどかしい」概念は、危うくなると、たちまち先祖崇拝に立ち返るのです。そして、自らの共同体、家族、親族を護るのです。会社、地域というタームも含まれています。実は、したたかで強靭な民俗的思考が日本を支えてきたのです。

戦後七〇年間、戦争に参画することなく、ひたすら経済活動に励んできた日本のエネルギーの源泉は、こういう思考によるものなのです。現在、いろいろな意味で、反省期を迎えているのも事実です。

しかしどのような反省よりむしろ、わたしたち自身が日本人の思考方法をもう一度学び、咀嚼することが、いちばん問われているのではないでしょうか。

新渡戸稲造と「郷土会」、柳田國男をめぐる人びと

民俗学者柳田國男は、現在の農水省に在職してもっぱら日本の「農政」のあるべき姿を語り、訴

えてきました。そしてやがては、これも当時の国際連盟の人権委員会に派遣されました。

彼には『武士道』(一九〇〇年。当初、英文『BUSHIDO: The soul of Japan』)を著わした新渡戸稲造への深い兄事があり、その影響があったと伝えられています。

柳田國男は、すでに記したように東京帝国大学の現、法学部政治学科卒業生で、彼自身を支えていたのは、強い選良意識で誇りに満ちたものだったと想像できます。その柳田が、構えることなく対面できたのが新渡戸稲造だったのです。

『武士道』を著わして、海外からの高い評価をほしいままにしている新渡戸を、兄事して当然だったといえるでしょう。その上、新渡戸は、大正一〇(一九二一)年、国際連盟に奉職した柳田の上司になったのです。

新渡戸は、戦後経済復興した昭和五〇年代末には五千円札の「顔」になるほどに評価されていますが、戦前、戦中の当時、ひとりの優秀な実務家としての存在でしかなかったのです。それどころか、昭和七(一九三二)年、軍閥が政治を左右するほどの力を発揮しだした時期、軍批判のコメントを発して排斥されてしまいます。

同時期、あたかも報復人事のように、日本軍部の台頭を危惧する他国の人びとへの説明を任とする使節として、海外派遣されたのです。しかし、海外の人びとからは、軍の広報と目され、まったく信頼を醸成することはできませんでした。内からも外からも理解されない存在でした。五・一五事件の年であり、昭和一一（一九三六）年の二・二六事件に連なる不穏な時節でした。すでに昭和九（一九三三）年、日本は国際連盟を脱退していたのです。

日本に対する冷え切った情勢のもと、新渡戸は派遣されました。大正九（一九二〇）年、国際連盟設立に事務次長として赴任し、ほぼ七年間、日本人として唯一といっていい成果を上げた経歴を頼られたのです。先見性を蓄えた人材でありながら、厳しい任務を強いられていました。新渡戸にとって、まさしく冬の時代でした。

新渡戸は『武士道』の以前に『農業本論』（一八九七年）を著わしています。母校である札幌農学校で講義したものをまとめた著作とおもわれます。

新渡戸は、日本が農業国であり、その本来の姿を追求して止まない研究者でもあったのです。現在の岩手県盛岡市の近郊に生まれ、札幌農学校に学んだ経歴は、本来の彼が農業学者だったことを証左しています。

新渡戸稲造と柳田國男は、出会うべくして出会った存在でした。すでに述べてきたように柳田は現在の農水省に勤務経験があり、退任後、いくつかの大学で「農政論」を講義してきました。『農業本論』を書いた新渡戸を注目していたに違いないのです。

明治四四（一九〇九）年、柳田國男は、新渡戸が提唱し設立した「郷土会」に参加しています。新渡戸と柳田が歴史に現れる最初の公的な出会いです。郷土会は、農業経済学者で現農水省にいた小野武夫、終戦内閣と称された鈴木貫太郎内閣で農水大臣を務めた石黒忠篤、後に民俗学の重鎮になる中山太郎、戦後大臣要職を重ねた前田多門、そして創価学会の創始者で地理学から宗教哲学へ進んだ牧口常三郎など、錚々たるメンバーが集っていました。

明治四五（一九一〇）年、柳田は『遠野物語』を著わしています。現在の岩手県遠野市から上京していた佐々木喜善からの聞き書きを基に一巻としました。「郷土会」設立から一年後です。柳田と北東北岩手との機縁を語って余りある濃密な幸運がここにはあるのです。

すでに述べてきたように新渡戸は岩手盛岡の出身です。彼が提唱した「郷土会」は、西欧の郷土教育論を基盤にしながら、日本の「地方」を再発見しようというものでした。農業であり、教育、文化に働きかけようという新渡戸の意思が「郷土会」だったのです。農水省の現役を中心に農業、特に地方の研究を目指す人びとが集まっていました。農水省勤務だった小野武夫は、小作農民の研究者でした。江戸時代末期からの一揆研究にも成果を残しています。

柳田にとって限りない刺激と将来の道を示唆する人びとでした。『遠野物語』の生まれた背景といっていいのです。

新渡戸が招集したサロン的な集まりであった談話の会を、柳田國男が中心となり、急激に「民俗」研究の拠点へと高めていきます。すでに地方の調査行を重ねていた彼は、中山太郎をはじめ、若い学徒を糾合していきました。雑誌「郷土研究」の編集、発刊も柳田が中心でした。この研究誌は四号で休刊になりましたが、「民俗」が研究の対象になり、その発表の場が提供されたことに大きな意味があったのです。

柳田國男は、日本民俗学の創始者といわれています。そして従来、民俗学は、古い前時代の事績、社会を研究する分野とされてきました。しかし、ほんとうにそうなのでしょうか。

ここまでさまざまな角度から柳田を語ってきました。現代、民俗は生きた研究として再発見されなければならないのです。柳田は自らの研究を「新国学」と称しました。彼のアカデミズムは、実は「柳田学」と名付けるのがもっとも正しく、西欧から受け入れてきたアカデミズムの一角に位置付けられるものではないのです。

彼の研究の背後には『武士道』で日本人を自己証明した新渡戸稲造があり、西欧から日本を際立たせて固有の文化と社会を探ってきた学徒たちがいます。それは、農業論はもとより、歴史、経済、社会制度、そして外交に視野を拡大して試される分野になっているのです。アジアの経済発展の一角を担いつつあるインドと汲み分ける思惟であることは、謂うを待たないのです。

6　共感する日本とインド

柳田國男は、一九〇〇年代初頭に、日本の農業経済と社会を解析して展望を開きました。歴史は、必ずしも彼の展望には従いませんでした。しかし、その正しさは、歴史の事象を越えて訴え続けています。わたしたちは、なにか大きな負債を背負っている感覚を捨てられずにいます。

インドの農業民について述べてきました。そして、柳田の農政論を観察してみると、驚くほどの共通点を発見することになります。

およそ一〇〇年前の農村生活からスタートしたドラマ「おしん」に共感するインドの人びとの真意、切迫感がみえてきます。

インドの底辺で農業労働に勤しむ人びとが、ダリトと呼ばれて差別的な環境におかれていることは、述べてきました。以上をまとめてみると、

①彼らが、なぜその劣悪な環境を捨てずにいるのかは、柳田が答えています。彼らは「死者と未生の者」たちとともに生きているのです。地域信仰と共同体の神話的継続が、彼らを身土不二な存在にしているのです。

②インドの宗教は、80％の大多数がヒンドゥ教だと定説化されています。内実に踏み込んでみると、単純に定説を繰り返すことが間違いなのだ、と気付きます。

農村の大多数は、イスラムでもクリスチャンでもありません。ジャイナやパーシー（ゾロアスター教徒）も共存していますが、少数です。だからといって、「ヒンドゥ」という括りに閉じ込めるのは無理があるのです。

ダリトとされる人びとを含めて、農村の彼らは彼らの神と信仰に生きています。それは、ヒンドゥの教義や規律のもとにあるのではないのです。母神であり、地域英雄神であり、祖先、眷属（けんぞく）の神です。そして山や水の神としての妖精です。民俗の神であり、共同体の神格なのです。なによりも農業生活に不可欠な生命循環（エコロジカル）な神々なのです。豊穣と人びとへの恩恵を与えるものです。

ごく最近の二〇一五年九月初旬の報道では、ヒンドゥ教のシェアは80％を割っているとあります。インドでの生活実感に合致した報告です。やはりそうだったのです。

③インドと日本は、異質でもあります。日印ともに、お互いの長い歴史を刻んできたのですから、当然です。異文化なのです。

親族、眷属の祖先崇拝と祖神→氏神→神霊信仰共同体・神話としての国家と天皇、という図式はインドでは成り立ちません。倫理観や生活上の道徳を尊ぶ模範としての「天皇」は存在しないのです。極端にいうとインドはひとつの世界観で統一されてはいないのです。地域性の強い民俗的な神格を奉ずることで、親族、あるいは眷属の一員として共同体に存在しています。日本人からみると、狭い範囲の言語共同体、信仰共同体に治まっているのです。

インド全土には一五〇の言語があるといわれています。わたしの居住した南部カルナータカは、日常的に五つの言語が流通しています。ひとつの言語文化には、ひとつの信仰共同体があります。

インドは多様なのです。そしてその多様さを統一しようとしたのがブラーミニズム、ヒンドゥ教の教義化です。民俗信仰を習合してヒンドゥの教義、経典に嵌め込む哲学的作業が、多くのブラーミンたちの生涯をかけた仕事になったのです。それがカーストの根源にもなったのです（13頁「1章1　カースト、その成り立ちの歴史」）。

インドの民俗信仰には教義も教典もありません。ですから宗教とはいえません。日本の祖霊信仰とおなじです。ブラーミンは、民俗信仰をヒンドゥ教という教義と規律を持つ宗教に習合する努力をしてきました（204頁、囲み記事「習合する民俗神とヒンドゥイズム」）。

インド人にとって亜大陸全体を統一する「国家」はありませんでした。一九四〇年代末の独立、解放を身の内に収めた後に、行政を伴う実用主義的(プラグマティック)な機関が国家という概念になったのです。

こうしてみてくると、固有の文化風土を保ち、異文化の持つ特性に生きるインドは、しかし、日本人とって手の届く理解可能なきわめて近い感性を持っていることに気づかないわけにはいきません。「神霊信仰共同体」の在り処が違っているだけです。それは、日本人が協働するための大きな障害ではありません。

インドともっともよく与(くみ)することができるのは、アメリカでも、イギリスでも、アジア諸国でもありません。イスラム宗主国はもとよりクリスチャンが多数の国でもなく、擬態としての無宗教国家でもありません。無言の理解に則(のっと)って与(くみ)し合えるのは、日本なのです（70頁「1章11 日系優良企業にカースト問題はない」）。

インドは農業国とすでに述べてきました。その現実を語ってきました。そして、もっとも放棄され語られずに看過されてきたのが、農業経済です。現代インドの発展の背骨は、実は、農業なのです。このことは、たびたび語ってきました。

インドの地主階層が「農産は、大地の恵みで、労働の賜物ではない」という認識しか持っていないことはすでに述べました。非土地所有者、そしてダリトたちの過酷な弛まぬ労働は評価されていません。彼ら、農業労働者には、仕事に勤しむという意欲的な姿勢は無縁だったのです。評価のない働きですから、意欲の持ちようがありません。農業にとって、これほど不幸なことはありません。「おしん」の時代の日本もそうでした。自分の食べるもの、生産は生活を保証するという発想（現実）になってはじめて労働への意欲と勤勉を賄うことができるのです。

わたしが例示した農業労働者の賃金の値上がりを嘆くインドの小地主は、二ヘクタールの所有者で、日本でいえば、柳田のいった、あるべき中農家です（187頁「3章4　零細小作農業とダリト Dalit」）。ただし、広大なインドでは小地主です。そして、この小地主は自ら農地に立つことのない、いうなれば不在地主あるいは兼業農家の部類です。

インドの農業は変わりつつあります。小地主でさえ経済生活を農業以外に求めることが、普通になってきています。日本は、インドの屋台骨である農業に、自らの未来をかけるべきなのです。日本しかできないことであるのは、すでに述べました。日本の未来は、インドの根幹に触れる協働を見出すことに活路があるのです。

ＴＰＰやＪＡ全中の改革の後、「一事業」としてのインド農業を推進することができるのは、日本なのです。心すべきなのは、多くのインド人労働者たちが自分たちを理解し、ともに経済生活を発展させてくれるパートナーを待っている、ということなのです。

習合する民俗神とヒンドゥイズム

南インド、カルナータカ州南部の内陸部に女神の寺院があります。南カルナータカ郡では誰もが知っている有名な寺院です。正式にはカティール・ドルガパラメシュワラ寺といいます。カティールは、所在する土地の名でドルガは女神、パラメシュワラはシヴァ神の異名です。

この寺院は、カルナータカを代表するヤクシャガーナという民俗演劇の劇団を持っています。それも、六劇団です。信者集団の地域を乾季の六か月、巡演して旅します。すべては勧進公演で、各地域の信者集団が制作、招聘(しょうへい)します。寺の事務所が制作費を受け取り、俳優やスタッフに分配しています。

日本には数百年前になくなってしまった勧進制度が、ここには生きています。この寺は南カルナータカの文化センターでもあるのです。劇団を持つ寺院は他にもあるのですが、六劇団というのはこの寺院だけです（森尻純夫著『歌舞劇ヤクシャガーナ』二〇一六年、而立書房刊）。

寺院は川の流れの上に建立されています。川は聖牛(ナンディ)川と称されているのですが、ずいぶんあたらしい命名だとおもえます。

川の流れの真ん中に、洲(す)になったちいさな島があります。ここが寺域で最重要な聖地といわれています。

山間に流れる川に跨ぐ女神は、あきらかに豊穣を約束する地母神です。川と水をつかさどる女神です。民俗的な信仰が地域歴史の始源にあって、その後、一二、三世紀に北部から降ってきたヒンドゥ・シヴァ信仰の到来と合体した成り立ちを想像させます。シヴァ信仰とともにやってきたブラーミンたちが寺を支配し、哲学理論を構築したのです。

日本での神仏習合に似ていますが、日本の信仰の基盤にあった山や川への崇敬は書き換えられることなく、否定されることなく、並行してあります。インドでは、ブラーミンたちの理論化によって、もともとの女神信仰は年間の儀礼にかすかに残っているだけで、見出すのも困難です。

また、信仰集団、共同体も、本来、川の民、山の民、そして下層の農民が主体だったのですが、ブラーミンの理論化は、シヴァ信仰が前面にでて、汎共同体、広い範囲の信仰共同体になっています。それが、特に一九世紀以降、後にカルナータカ州の公式言語になるカンナダ語の流通を高め、地域の文化センターを形成するにいたったのです。それは、信者集団を膨張させることになったのです。現実にはきわめて政治的なことです。固有の文化の興隆は、実は、ヒンドゥ文化の奨励で、少数派となってしまった民俗文化の抑圧でもあったからなのです。

南カルナータカには、もうひとつの祖霊信仰があります。ブータという憑霊(ひょうれい)儀礼芸能です。職能共同体(ジャティ)、家の神、地域神などを祀っています。儀礼は、祖霊を呼びたて託宣を受け、信者個人のさまざまな相談にも応じます。シャーマニズムです。

憑霊するのは、共同体の外から来た被差別のパフォーマーたちです。彼らは、乾季の六か月、いわゆる贔屓にしてくれる信仰共同体を歩きます。彼らと信者共同体は、ブラーミンを拒否し、ヒンドゥの教義には馴染みません。彼らは、彼らの民俗社会を生きています。彼らの農村生活は、「身土不二」そのものなのです。そして、実は、彼ら自身による「一事業」として農業環境が与えられる日を待っているのです。

7　日本の未来に同伴するインド

二〇一五年一月二五日、アメリカのオバマ大統領がインドにやってきました。インド独立後に制定された共和国記念日の式典に主賓として招かれたのです。異例なことでした。主賓としてアメリカ大統領が招待されたことも異例で、オバマは在任中に二度のインド訪問になりました。印米史上、はじめてのことです。すでに述べてきたようにアメリカと首相ナレンドラ・モディの関係は、最悪でした。オバマの二度にわたる訪印は、経済の「アジア中心主義」を標榜するアメリカにとって、インドが最重要国のひとつであることを物語っています。

オバマは、訪問中の首脳会談で、原子力発電の開発を進捗させました。〇八年に協定の推進を約してから、プロジェクトは頓挫していました。不測の事故などの事態に賠償責任をどうするか、で合意が成立しなかったのです。

インドは、賠償責任については敏感で、すでに国内法を成立しています。フランスなどが計画を推進できない大きな要因になっています。特に二〇一一年の日本での津波による原発事故以後、社会的関心が高まっています。外資による設置計画は、監視されています。

ロシアのプーチン大統領のインド訪問では精力的な原発開発が同意されています。

今回、印米は一定の合意に達したと伝えられています。インドの電力事情は劣悪で、停電のない地域は、首相ナレンドラ・モディの出身地グジャラート州のみ、という状態です。彼の首相就任以前の経済開発路線がもたらした功績のひとつになっています。インドの原発依存度は、現在、総電力量の3%にすぎず、二〇三二年には6・3%を目指しています。経済発展を約束するエネルギー問題は、きわめて深刻です。

ロシアに次いでアメリカとも協約したことは、アメリカへの距離感を変えてきた、といえます。印米双方にとって、未来戦略を構築しなければならない事情があるのです。対中国であり、友好国日本との連携緊密化はアメリカを除いて成立しないことは、首相モディの視界に入っているのです。

オバマ大統領がサウジ・アラビア国王の弔問のためにインドを去った数日後の二月一日、インド外相スシマ・スワラジ女史が中国を訪問しています。中国はかねてから提唱している「シルクロード経済ベルト」のパートナーとしてインドを遇し、印中による〝アジアの世紀〟を拓くのだと表明しました。習主席は、インド外相スワラジ女史と面談し、アジア太平洋経済協力機構(APEC)での両国の戦略的な位置づけを語りかけました。主席が外相と個別に会談したのです。異例です。

習主席は、一五年五月に首相ナレンドラ・モディを招待しました。

インドが、けしておおらかな対応が可能だとはおもえない中国に接近するのは、友好国ロシアとの関係を阻害されたくないという意図によるものなのです。

このようなインドの動きは、得意の全方位外交手法が戻ってきたということなのでしょうか。そう単純にはいえないようです。というのは、前首相マンモーハン・シン時代の全方位外交は、親米を主軸にした外交戦略でした。周辺国スリランカやネパール、そしてパキスタンに対してもアメリカとの合意の上に戦略化されてきました。また、軍事的な環太平洋戦略もシンガポール、日本、オーストラリア、そしてアメリカを加えたものでした。対中国ではあっても、アメリカを抜きに成立する関係国との緊密化ではありませんでした。

新首相ナレンドラ・モディは、オバマ政権の体質の変化を、実は、冷静に見つめているのです。個人的なアメリカに対する過去のいきさつにこだわってばかりいるのではないのです。アメリカの影響力、実行力の低下を的確に判断しているのです。

アメリカとの原子力開発を推進するとき、日本企業が動かずに為し得ないことは自明です。GEやウェスティングハウスは日本資本なのです。日本の関連企業は、インドとの原子力協定はできないが、その制約下で参画せざるを得ないのが現実です。モディは、アメリカ越しに日本をみているのです。このインドの視角を日本は大切にしなければならないのです。

ナレンドラ・モディと日本の関係は、インド経済の未来にとって外せない緊密なものになっているのです。

一四年一月末、インドは一三年度の国内総生産（GDP）が6・9％になると発表しました。リーマンショック以降の景気低迷で、4・7％に落ち込むと予測されていました。GDP7％は、成長と拡大を約束する数値です。統計の妙も背後にはあるような気配もしますが、モディ政権の力量の確かさです。

インドはいま、原子力エネルギーだけではなく、貨物新幹線、高速道路整備などインフラストラクチャー建設に邁進しています。日本は、充分とはいえませんが、それなりの参加と成果をあげつつあります。

日本が、日印関係の未来を語るとき、もっとも重要なのは、インフラストラクチャー整備の後にくるものへの参画です。経済発展とそれを賄っていく国内消費、そして輸出事業の振興に関与していくことが問われているのです。亜大陸の東西、南北を縦横する貨物新幹線には、流通機構の確立が急務になります。南の農漁産物が新鮮なまま、北部インドの台所に届けられなければなりません。ヒマラヤの麓で生産された果物が、南部の居間に届けられなければなりません。

柳田國男の述べた中市場から大市場の成立こそ、近未来のインドにもっとも重要なファクターなのです。大市場で余剰化された生産物は、海外市場に押しだされるのです。「余剰化」は、輸出目的産品と書き替えられるでしょう。

日本は、ＴＰＰが日本の生産を阻害すると受け止めています。しかし、ＴＰＰやＦＴＡは、日本の産物を海外市場へ輸出する道を拓くものでもあることを忘れてはならないのです。日本の農場から海外へ、という道ばかりではありません。インドで生産された米、野菜、漁農産物を、日本企業の参画によって大市場である諸外国に輸出することでもあるのです。

農業が「一事業」たりうるのは、生産から市場までを一貫して機能化することなのです。山下一仁は、日本は農業立国を目指せ、といいました。日本もインドも農業国です。現代インドの経済発展が、農業を背景にあることは、縷々述べてきました。日本の精神風土と共感し、理解の窓口を開いているインドの農業民たちを組織することが、日本に問われているのです。

インドの行政改革、規制の解除は、それほど進んではいません。海外資本にとって多くの困難があります。しかし、ナレンドラ・モディ新政権には可能性があります。

アメリカとの原発開発には、事故賠償問題という大きな壁がありました。一五年二月初旬、インドの政府関係者は、アメリカとの合意に基づき年度内には計画実行になるだろうと表明しています。予想どおりでした。

インドは、政治、行政、そして経済の一層の発展に賭けています。

いま、日本はまっすぐにそうしたインドに向かうべきです。それが、日本の未来を拓く道筋になるのです。

（注1）山下一仁（やました・かずひと）

一九七七年　農林省入省　一九九四年農水省ガット室長

一九九五年（在ベルギー）EU日本政府代表部参事官

一九九八年　農水省地域振興課長（中山間地域等直接支払い制度導入）

二〇〇一年　食糧庁総務課長

二〇一〇年四月　キヤノングローバル戦略研究所研究主幹

氏の略歴で明らかなように、彼もまた、柳田國男とおなじように農水省の勤務経験がある。現代農政への過激な発言をする動機が、彼のなかに醸成されていて当然なのだ。その発言の趣旨に柳田と通いあうものがあって、これも当然といえる。

（注2）二〇一五年一〇月、第三次安倍内閣の改造で、自民党若手議員小泉進次郎が、農林部会長に任命された。期待の人物の登場だった。折からのTPP加盟問題、農協問題に新鮮で行動力ある若い政治家の登用は大方の好感をもって迎えられた。なによりも農林行政が忘れられていなかったという現場従事者からの好意的評価があった。事実、就任後の精力的な調査、ならびに発言は、大胆で斬新だった。「TPPを後ろ向きに考えずに、若い世代にとってはチャンスなんだと捉えるべきだ」「新しいルールができれば新たなフィールドで活躍できる」などの発言が続いている。また、農協金庫（銀行）は金融機関の役割を果たしていないではないかと批判している。農協解体論の一方の旗頭ともいえる。解体論に傾いている安倍政府の方針とどのような協働体制が成り立っていくのか、注目である。

（注3）佐藤 光（さとう・ひかる）
一九四九年北海道生まれ。大阪市立大学名誉教授。経済学者一九七二年東京大学経済学部卒業、一九七五年同大学院経済研究科博士課程中退。京都大学経済研究所助手　大阪市立大学経済学部助教授を経て同経済学研究科教授。二〇一三年大阪市立大学名誉教授。二〇〇二年「カール・ポラニー社会哲学の今日的意義」で大阪市大経済学博士。

〔3章参考文献〕

柳田國男『最新農業組合通解』大日本実業学会刊　明治三五（一九〇二）年
同　『農政学』早稲田大学政治経済科講義録　明治三五〜三八（一九〇二〜〇五）年
同　『農業政策学』専修大学講義録　明治三五〜三六（一九〇二〜〇三）年

柳田國男『農業政策』中央大学講義録　明治四〇（一九〇七）年
以上、『定本柳田國男全集　第二八巻』筑摩書房
柳田國男『先祖の話』昭和二一（一九二六）年　同全集第一〇巻
同　『祭日考』昭和二一（一九四六）年　同全集第一一巻
同　『山宮考』『氏神と氏子』以上三編、昭和二二（一九四七）年　同全集一一巻
同　『時代ト農政』『日本農民史』『都市と農村』同全集一六巻
柳澤悠『現代インド経済』平成二六（二〇一四）年、名古屋大学出版会
M.L.Jhingan "*The Economic of Development and Planning*" 1966. Vrinda Publications,Delhi
V.K.Puri S.K.Misra "*Indian Economy*" 1983.32 edition 2014.Himalaya Publishing House

4章

二〇一六年、未来へ発進する日本とインド

二〇一五年三月、政権一年を迎えるナレンドラ・モディ政権は、にわかに慌ただしくなってきました。四月からの新年度に向かって本格的な予算を上程、施行しなければならないのです。

就任後の二〇一四年以降、補正予算は施行しましたが、本格的な通年予算ははじめてになります。世界的な注目度が大いに上がったのです。経済中心主義といわれ、それを期待されてもきた首相モディがどのような予算を打ち出してくるのか、世界は注目していました。

外交では、一月、オバマ大統領が就任後、二度目の来印をしました。アメリカの大統領が、その在任中にインドを二度にわたって訪問するというのは、有史以来はじめてのことでした。

アジアの時代を標榜するオバマ大統領が、インドを重視している証拠です。アジアにおける印米関係は、世界的に大きな注目点になってきました。

オバマ訪印の直後、中国が提唱するアジア・インフラ投資銀行(AIIB)設立の話題が、世界注視の的になってきました。中国は、あらたな「シルクロード構想・一帯一路」をすでに打ち出していて（三月一五日公表）、中国によるアジア開発推進の狼煙(のろし)をあげています。インドは、この新シルクロードにも微妙な接点を持たざるを得ない地理的、政治的立場にあります。

印米中の関係は、自己発揮と、それがもたらす緊張との、均衡体制の確立が課題です。インド、モディ政権は迫られています。

世界以上に、国民の視線は予算に釘づけになっている、といって過言ではありません。国内政治のあらゆる分野での切実な要請が、モディ政権を実現させたのです。多様な国民の支持内容が詰っているのです。どう応えてくれるのか、国民は凝視しているのです。経済、教育、行政など、生活に密着した問題意識ばかりです。インドの政治は、たびたびこうした国民の想いを裏切ってきました。モディを見つめる視覚は穏やかではなく、厳しいものがあるのです。

この章では、そうした二〇一五年の現実を説き語っていきます。そして、二〇一六年に繋がっていきます。一六年こそ、インドの未来を決定する重要で歴史的な時期になるのです。それは、インドの近未来ばかりではなく、アジアの近未来を語ることになるでしょう。二〇一六年を語ることは、世界の未来を解くことになるのです。

項目のすべてに日本の強い関わりが求められています。おのずと浮かびあがる日本の重要さに、気づき行動しなければならないことを知ることになります。

二〇一五年は、日米、そしてインドにとって〝潮目〟の変わり時だった、という事実があるのです。

1　オバマ大統領が仕掛けるインド重視

すでに述べたようにオバマ大統領は二〇一五年一月二五日、インドを訪問しています。就任後、二度目の訪印です。一度目は、大統領就任直後の二〇一〇年でした。すでに述べたように、アメリカ大統領が二期八年の間に二度の訪印をすることはなく、歴史上、初めてのことです。

公式なかたちとしてはインド独立解放後の連邦インド成立の記念パレードに招待されたというものです。この世界最大ともいわれる軍事パレードにオバマ大統領を招待したというのは、インドが強烈な信頼を寄せ、あたかも同盟国のような処遇をしたということになります。

就任以来、オバマが標榜してきたアジアの時代、アジア重視政策の具体的行動であり、政治キャンペーンであるパレードの貴賓客になったのは、インドがアメリカにとって最重要な国であると世界に表明したことになります。アメリカがインドをそういう認識のもとにおいていることは疑いのない事実です。誰の目にもあきらかになったのです。

(1) オバマとモディ、印米関係の緊密化

当然、オバマは、手厚い歓迎の二日間を過ごしました。

2015年1月、空港でオバマ大統領を迎えるモディ首相　写真：AFP＝時事

すでに詳述したようにモディ首相は、就任数か月後にアメリカを訪問しています。オバマ大統領に対しては、実にお行儀の悪い〝駄々っ子〟のような態度で終始しました。大統領主催の夕食会の招待を断り、首脳会談ではお茶も飲まず、水だけに終始しました（148頁「2章3(2) 中国、アメリカ、外せぬ緊張感」）。

今回、大統領を迎えるモディは、掌を返したような変貌ぶりで、空港に出迎え、ハグして歓迎の意を表しました。

モディ訪米の後、オバマの訪印、そして再度のインド訪問と積み重ねられた印米の間にどのような時間が流れたのでしょうか。

モディ首相の前政権であるマンモーハン・シン国民会議派内閣は、親米路線をひた走ってきました。ヒンドゥ政党である人民党のモディは、就任当初から、事ある毎に国民会議派との違いを強調することに腐心してきました。外交に関して、あたかも会議派を踏襲しているかのような「親米」をそのまま標榜することにためらいがあったことは充分に納得できます。それが〝駄々っ子〟のような表現になり、アメリカのインド理解の底を見極める手段であったともおもえます。

モディは、周辺諸国を精力的に歴訪し、世界新興国会議(BRICS)（ブリックス）で一定の成果を挙げ、ネパールでの南アジア地域協力連合(SAARC)サミットで発言力を強化し、日本との交流を緊密化しました。

モディは、ややもすれば苦手なのではないかといわれていた外交の分野で、一定の行動力を示し、なお諸国からの評価を得たことで自信をつけたともいえるのではないでしょうか。なにしろ、ヒンドゥ政党人民党(BJP)は、世界規模でみれば内向きの特殊な政治集団とみられて当然な要素に満ちているのです。圧倒的なヒンドゥ教徒の支持を受けている人民党は、内政では力を発揮できても、外交では国際的な理解を獲得することは難しいのではないかという危惧は、ヒンドゥであるインド人にも根強くあるのです。

オバマ、モディ首脳会談では、

①原子力エネルギー開発へのアメリカ企業の参画、推進。インド経済発展への理解と支援。

②隣国パキスタンをはじめとする不安定なシリア、アフガン、アラブ諸国、特にイスラム国(IS)などによるテロリズムの脅威を共有し、その闘いへの協力体制を構築する。首脳、ならびに防

衛関係者間のホットラインを創設する。

③ 米豪日の太平洋沿岸国による防衛体制の確立と相互理解を進め、定期的情報共有、さらに軍事演習の実施を企図する。

概ね、以上のような内容が議論されました。こうした会談内容には、インドとパキスタンの微妙な関係が反映され、同時に対中国への双方の強い意志が背後にあることが理解できます。オバマのイスラム諸国、中東諸国への対応が生ぬるいと批判されていることへも、インドは〝喝(カツ)〟を入れた気配があり、アメリカはインドを恃むことで、世界からの批判をかわそうという意図もみられます。

(2) あらたな印米関係のはじまり

忘れてならないのは、インドの排出ガス問題が会談の項目になっていたことです。

インド、特に首都デリーの交通事情は、北京のそれに劣らないほど最悪なものです。自動車産業は、国民消費と経済拡大を結ぶ中枢にあって、近未来も減速することはないでしょう。なにしろ一二億の市場です。小型車の需要は成長の一途をたどっています。インフラストラクチャーが万全でないことも車社会に拍車をかけています。鉄道や空路の不備を流通から自家用まで補おうとする結果なのです。デリーのビジネスタイムは煤煙で煙っています。

二〇一六年になって、科学的根拠については疑問視する議論もでてきましたが、温暖化、気候変動に対処することは政治の重要課題です。地球の問題が定かでないとしても、アメリカのクリーンエネルギーへの取り組み技術を共有したいというインドの要請はリアリティがあり、オバマの同意を得るものでした。

インドのメディアは、オバマの来印と首脳会談を、絶賛に近い評価で論評しました。多くのメディア各紙は、これで印米は対等な相互協力体制が確立される、とモディの外交に二重丸を献上しました。

二〇一五年のオバマ訪印は、当初の予定を短縮されて終わりました。オバマは急遽、サウジ・アラビアに飛びました。アブドラ国王の逝去への弔意と新体制への表敬です。

サウジの新体制は、オバマの訪問直後から、世界的な経済不安を招くことになる原油安にさらされることになります。アメリカのシェールガス開発にもダメージを与えることになるのです。

アメリカ、オバマ大統領とインド、モディ首相は、相互関係の潮目の変わり時を良好に乗り切ったといえるでしょう。いい潮流に乗ることになりました。

では、日本はどうなのでしょう。印米の順調な緊密化にどのように対応するのでしょう。大きな課題です。二〇一六年に連なる問題です。ひとつ付言しておくと、モディ首相は、日本の安倍首相を、連邦記念日パレードに招待しました（二〇一五年一月二六日）。日本政府として招待を受けるのは、はじめてのことです。日印は、仏教や芸能、芸術文化を通して精神的、歴史的関係を称揚してきましたが、時代に生きた政治経済を正面から課題にすることはありませんでした。実は、ここにも潮目の変わりが潜んでいるのです。

2 中国の攻勢

習近平は、二〇一三年、主席就任当初から一帯一路構想を持っていました。

〝一帯一路〟とは新シルクロード構想といわれ、あらたなシルクロードを中国の提唱によって創設し、アジアからロシア、東ヨーロッパ、アフリカにいたる経済圏を構築しようというものなのです。この壮大な計画は、アメリカのオバマ大統領が標榜する「アジアの時代」に真っ向から対抗し、中国の世界戦略を具体化する構想です。

中国は、もうひとつの海の一帯一路、海の道を画策していました。海の一帯一路は、中国が推し進めてきたいわゆる「真珠の首飾り」と呼ばれるベルトに重なって拡充されたものです[注1]。そして、二〇一三年九月、習主席自ら、世界を覆い尽くすかのような大構想を公表しています[注2]。

(1) 新シルクロード「一帯一路」とアジア・インフラ投資銀行（AIIB）

二〇一五年三月、全国人民代表者第三回会議で「一帯一路」は政府の決定政策として発表されました。構想された「一帯一路」の内容とは、

① 一帯一路の地域、地帯の諸国は、中国、そして相互各国との間に政策面の意思疎通を図る。
② 一帯一路地帯の諸国は、道路をはじめとするインフラの連結を進める。移動、交通の簡便化を図る。
③ 中国を中心に加盟各国は相互貿易の円滑化を求めていく。関税撤廃、自由貿易制度を推進する。
④ インフラをはじめ、あらゆる事業整備のための資金の融通、援助を推進する。
⑤ 地域諸国民は、常に交流と意思疎通の発展に努める。

といった項目になっています。

習主席は、同時的にアジア・インフラ投資銀行（AIIB）を提唱し参加国を募りました。アジア新興国のインフラストラクチャー、道路、鉄道、そして工業開発などへの投資をおこなおうというものです。

日本、アメリカは計画に疑義を持ち、参加を見送っています。日米の不参加には、いくつかの理由があります。

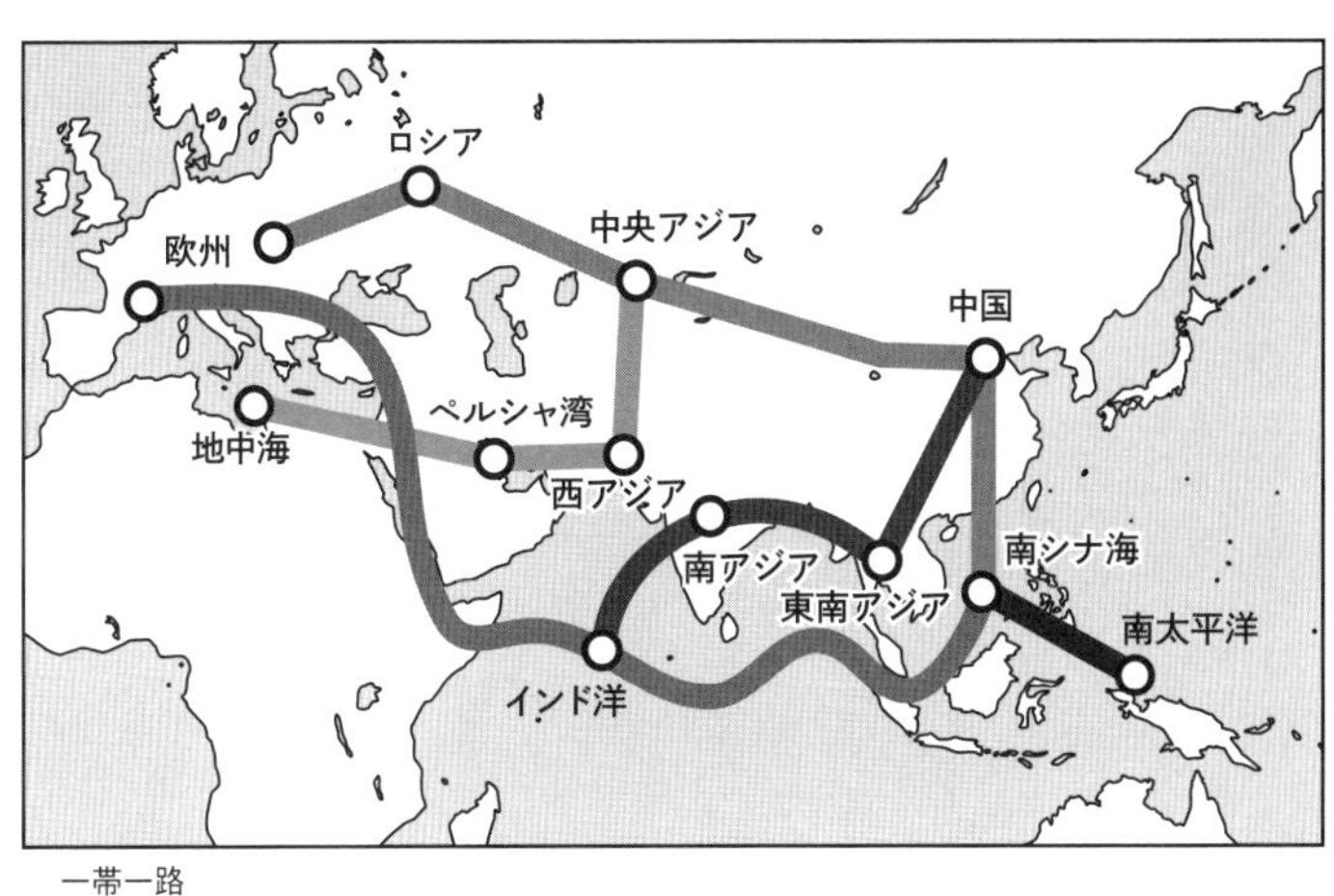

一帯一路

①日米はアジア開発銀行(ADB)[注3]を運営している。一五三一億ドル規模のファンドがあり、一五年当時、八五〇億ドル程度の残高がある。その上にAIIBが設立される必然性があるのか。中国の政治戦略に傾いた組織化であり、警戒せざるを得ない。

②中国のアジア金融市場への登場が経済分野だけではなく、軍事戦略上の意味を含んでいるのではないか。

A．中国の金融市場は、過去二年、不安定な動きをしている。中国は世界第二位の経済大国に成長したが金融市場の不安は拭えない。AIIBは将来、円滑、公正な運営、経営が進められる体制が整うのか、疑問である。

B．結局、参加国は中国の政治、経済戦略に組み込まれるばかりではなく、軍事戦略に加担させられるのではないか。あるいは、中国の軍略への発言力は阻喪させられるのではないか。

③日本は、習近平の首席就任以来、公式な首脳会談もできない状態で、相互関係はきわめてよくない情勢にある。南シナ、尖閣列島問題など、双方、譲歩の困難な情勢にある。また、中国の経済減速から進出した企業二万数千社の多くが、日本帰還、撤退を検討せざるを得ない状況にある。実際には、簡単には撤退できず、近未来の展望を失っている。

ＡＩＩＢと一帯一路は、一体化された政策で、それぞれがばらばらに提唱されているわけでないことは、項目化された一帯一路の目的をみてもあきらかです。新シルクロードという理念的な「一帯一路」は、ＡＩＩＢの活動によって経済的、政治的に保障されるものだということは、一目瞭然です。なによりも、ＡＩＩＢの設立協定の署名が、二〇一五年六月二四日におこなわれたのは、一帯一路の公式表明から三か月後でした。中国が、ふたつの大計画を異常な決意と意志力で進めていることがよくわかります。政治的意図が如実に表れています。中国の内政問題とそれに絡んで対外的な立場の確立が急務であることを物語っているのです。

二〇一〇年代、にわかに中国経済の減速が報じられるようになりました。二〇〇〇年代前半期には、10％半ば近くだったＧＤＰが、６〜７％台まで落ち込みました。一帯一路、ＡＩＩＢは、中国にとって起死回生の切り札になったのです。やらなければならない中国の差し迫った事情が、ここにあるのです。国内経済の退潮を救いだす手段として新シルクロード、アジアの諸国に事業拡大を目指すという、単純な論理の発揮です。とはいえ、決意と実行への異常に強い意志は、必然でした。

(2) アジア・インフラ投資銀行に参加するインド

二〇一五年六月、AIIB設立協定への署名式がおこなわれました。参加国は、当時、五七か国と報じられました。

世界が驚いたのは、域外国としてイギリスが参加したことです。アメリカの高官たちは激怒したと伝えられています。

また、インドが加盟しました。国境を接し、良好な友好関係を持っているとはいえない印中が接近するとは世界にとって意外な展開です。

AIIBの出資と制度はどのようなものなのでしょうか。署名時の出資金合計は、五百億ドル、当然、中国が筆頭で30%超です。インドは8%で第二位です。第三位は、6%を出資したロシアです。

参加国の数からみれば、アジア開発銀行と変わらない規模ですが、出資金は圧倒的にADBが優位に立っています。すでに触れたようにADBには約三倍の資金力があります。

投資や重要事項の可否を決めるのは、出資比率に見合った議決権によります。中国は筆頭出資国として26％を確保しています。そして、重要な事項については75％の賛同を得なければならないことになっています。ということは、中国は26％の議決権を保有していますから、中国が賛成しなければ重要な投資や開発事業は成立しないのです。

一見、合理的で公平な案分比率に基づいた制度のようですが、「一帯一路」設立趣旨で唱えられた四項目の理念が、にわかに具体的な規定となって浮かび上がってきます。「ＡＩＩＢ参加国は、常に中国と政策的意志疎通を図り、相互間の貿易自由化に努力し、オープンな交流をする」という習近平の新アジア構想は、ＡＩＩＢの実施段階で規制力をもった〝協定〟として生きてくるのです。

インドは、中国の政治戦略を理解しているはずです。その上で、第二位の出資率で参加しています。アメリカ大統領を迎えて、関係の緊密化を進めた二か月後になります。モディ首相は前政権マンモーハン・シン内閣を踏襲して親米路線に回帰したと理解したのは、早トチリだったのでしょうか。

当然、前国民会議派（コングレス）政権とモディ人民党が違うことはあきらかです。たとえば、現象としてアメリカと親密化が進んだとしても、その内容は似て非なるものです。

国民会議派（ナショナル・コングレス）は、反植民地、反英闘争時代から民主主義を提唱しつつ国民融和を大前提に政治活動をおこなってきました。あらゆる地方党派、宗教共同体を包み込む政治理論を求めてきたのです。

すでに触れてきたように、インディラ・ガンディ、ラジヴ・ガンディ、現代のソニア・ガンディ、ラフル・ガンディ、マンモーハン・シンに受け継がれてきた〝インド〟です（43頁、囲み記事「インド国民会議派（ナショナル・コングレス）」ならびに104頁「2章1(4)インディラ・ガンディという存在」）。

インド戦後史を生きてきた国民会議派（ナショナル・コングレス）政権を襲った人民党（BJP）のナレンドラ・モディは、「経済」を引っ提げて登場しています。経済の活性化こそ、現代インドを救いだし世界に冠たる国家の創生に繋がる、というのがモディの文脈、ポリシーです。その国家とは、融和と人道主義をスローガンにしてきた国民会議派に対して、インド独自で、最大多数の思想であるヒンドゥイズムを一義的に標榜するものです。だからといってキリスト教徒やイスラム共同体を無闇に排除するというようなことはなく、経済活動を共有することによって共通基盤を見出そうとしているのです。

対外関係もまた、モディは国内とおなじように対応しようとしているようにみえます。経済を基軸に、近隣諸国、古くからの友好関係にあるロシア、そしてあたらしい展望を得たアメリカなど、モディ就任後のあわただしい歴訪が物語っています。インドが長く保ってきた全方位外交路線の復活なのですが、過去のそれとは様子が違うのです。微妙な関係のパキスタンやスリランカ、インドに引きずられているかのようなネパールなどには、経済活動の拡充と可能な限りの参画を企てています。

良好な日印関係のもとでADBでの発言力も保有しています。BRICs開発銀行（161頁、注4）

の設立にも参加しています。経済を政治の目標に掲げるモディは、あらゆる経済機構を自らの薬籠に納めなければならないのです。

ＡＩＩＢに率先して参加したインドの真意は、中国の身近に居て離れない、もっとも観察しやすい立場にいるべきだ、という意志のあらわれなのではないでしょうか。

インド、モディ政権の新しい全方位外交とは、誰にでもいい顔をして、仲良くしていればいい、というような〝ご都合〟なものではないのです。一歩間違えれば千尋の谷底に墜落するかもしれないような尾根道を、切迫した緊張とともに歩くような所業なのです。

インドは、日米が画策してきた中国囲い込み作戦を、まったく違ったやり方で、その懐に飛び込むような方法で、成し遂げようとしているのです。けして生半ではない手強い隣国を、離すのではなく手近に抑え込もうというわけです。相手はいまや、世界第二位の経済大国なのです。

ところでインドは、二〇〇〇年代前半期には、中国に次いで第三位の経済大国なるといわれています。ナレンドラ・モディの視界には、すでに二〇〇〇年代半ばのインドと世界が納まっているのです。

3　ナレンドラ・モディによる国家予算

すでに述べてきたように、ナレンドラ・モディ政権は二〇一四年の就任後、補正予算は組みましたが、年度予算を議会に上程したのははじめてでした。

議会は、上下両院制で、政権は下院の多数は握っていましたが、上院は多数派ではありませんでした。おまけに、インドの特色を発揮し、強い発言力を持つ地方議会も政権の支配下にあるとはいえない状態でした。

補正予算では、経済活動への規制緩和を急ぐあまり、農地を工業用地に転換する法令を急ぎ足で施行し、農民自殺者をだすというようなスキャンダラスな事態を招きました。

一方では、二四年間にわたって一度も出勤しなかったという信じられない公務員の存在に、モディは激怒し、ただちに罷免しました。会議派（コングレス）が植民地以来の官僚体制を温存してきた〝歴史〟の所産でした。

(1) モディが秘める長期ビジョン

二〇一五年度（一六年三月まで）予算の策定の以前、一四年九月から、モディは政治キャンペーンを展開してきました。「メイク・イン・インディア」と名付けられ、その後、たびたび催された政治集会で唱えられました。「インドで、ものつくり」とでも訳すのでしょうか。インド製造業の振興を画策するものでした。外資の導入を含めて、国内製造産業の生産性を上げていこうというものです。ITなどのサーヴィス業務で経済拡大をしてきたインドが、創造性のある生産を振興することによって経済の質的変化を求めようということです。

経済拡大を強く下支えしたのは農業です。とはいいながら実は、農業は閉塞した状況にあり、神話的な発展を遂げてきたIT産業には先行きの見えない要素があります。

インドの根幹を支える農業には、流通機構を含めたインフラストラクチャーの拡充が問われています。農業国インドには、生産と消費を結ぶ改革が求められています。農民の生活が安定しない農業国は、背後に抑圧と悲劇をはらんでいるのです。

IT産業もまた外部受注（アウトソーシング）システムといい募りながら、実態化されない経済活動に、もどかしさを覚えずにはいられません。IT産業は虚構、とまではいわなくとも実態経済に同伴する〝実業〟ではないのは事実です。

経済の現実としての実態化は「ものの生産」にあると睨んだモディの発想は優れているのです。インドのGDP総生産量の比率では、ITなどのサーヴィス業が30％を超えていて、製造業は18％前後しかないのです。

農業は、二〇〇〇年代に入って、GDP比を急激に落としてきました。30〜40％だった比率は一〇年代には15％前後になっています。農業人口は、地域差がありますが平均すると50％弱を保っています。あきらかに生産性は下落しています。こうした歪んだ構造の改革が、急務なのです。モディが提唱する「メイク・イン・インディア」はインド国民に浸透する説得力があるのです。モディは、製造業の振興によって一億人の就労を創出すると宣言しています。とはいっても、農業はインドの主力産業で、米や麦、植物油は輸出産品でもあります。インドにとっては、〝食べて余りある〟産業なのです。

ナレンドラ・モディが自らに課した内政への方針は、「二〇二二年、独立解放七五周年に、どのようなインドであるべきか、展望ビジョンを持とう」「〝インドは容易にビジネスを展開できる国〟への環境つくり」という二大項目を訴え、表明してきました。政策目的は、すべてこの二大項目に収斂(しゅうれん)していくということなのです。

国つくりの根幹を支えるのは税制です。インドの税制は特殊でした。徴税は多くを州政府がおこない、州による地域差はありますが、強い権限を与えられてきました。国よりも州政府のほうが強いのです。

モディは、物品・サーヴィス税(GST)の実施を目指して予算審議の国会に上程しました。歴代の政権が懸案としながら、できなかった施策です。「物品・サーヴィス税(GST)の実施」というのは「とば口」で、実は、税制の単純化、簡素化が本丸でした。国が支配能力を発揮できる、一本線の徴税システムということです。物品税は、商取引される農産品にもかけられ、地域にもよりますが、一般的には増税になります。しかも、消費者と直接接触することになる間接税です。結果としては、日本での消費税とおなじようになります。市場で売られる野菜や魚介は地産地消で、柳田國男がいう小市場が舞台なのです。税とは無縁の商取引というものがなくなっていく端緒になるものです。GST法案は、残念ながら上院を通ることはありませんでした。下院・上院の賛成多数と大統領の承認、そして各州議会の審議を経なければなりません。施行には時間がかかるでしょう。地方議会、地方政治と地域行政が験されています。

イギリス植民地以来数百年、培われてきた制度に沈んで権益を貪ってきた国、地方に根付いた官僚たちの壁もまた玩陋で度し難いものです。彼らがモディ政治を受け入れるには死命をかけた決断をしなければならないのです。

(2) 古くてあたらしいインドの課題と予算

ナレンドラ・モディの政策は、金融の機構改革へと向かいます。というのは、税制改革は国への一本化という道をつけたのですから、海外からの投資活動にもまた、一本化、単純化を促すことになります。事務所や工場を設置する際、州ごとに違った対応を迫られる海外企業は、進出に竦みます。モディは、インド特有の複雑怪奇な手続き、官僚対応を取り除きたかったのです。

二〇一五年予算（一六年実施）に組み込まれた項目を列挙してみます。

①一家族一戸の家。都市部二〇万戸、農村部五〇万戸の公営住宅建設
②電気、ガス、水道、トイレ、各家に直接に面する（舗装）道路の建設
二万といわれる無電村の解消。ブータンからの水力発電による電力供給
③雇用機会の拡充。一家族一名の雇用促進
④貧困撲滅
⑤無医村の解消

ナレンドラ・モディの国家予算は、二〇二二年のインド独立七五周年を照準に定めたビジョンに即しているという信頼感と期待が国民にありました。さらに、ヒンドゥ主義者であり中流階層を政治的な支持層にしているとみられていたモディが、意外にも貧困層、地方農民層を念頭から外していないことが好感を生みだしました。

モディの発想の根源は、もちろん経済です。過去二〇一〇年代になってから減速しつつあった経済の再活性化が彼のすべてであったといって過言ではないでしょう。前政権が思考停止に陥ってしまった経済をいかに立て直すか、国民に希望とやる気を起こさせるかが、彼の先導者としての使命と考えていたのです。

経済の再活性化には、格差と停滞の克服が課題でした。地方と都会、農業とＩＴに代表される、サーヴィス業のかけ離れた環境といった問題をもみほぐし、理解可能な言語メッセージにすること

でした。そして、実行です。

予算の内容を、五項目にまとめました。一二億の人口を抱える世界最大の民主主義国であり、経済大国化への道をまっしぐらに進む国のものとは、にわかに理解できません。

一家族一戸の家、無電村、無医村の解消などは、デリーの高層オフィス街やバンガロールの多国籍企業のひしめく街路からは遠く隔たっていて、想像の範囲を超えた存在です（58頁「1章8 インドを代表する民俗学者は電気のない村からきた少年だった」）。

しかし、こうした後進性、大きな格差に挑まない政治には未来がない、とモディは確信したのです。こうした開発こそ、インフラストラクチャーの建設と経済活動の活性化を呼び込む事業たり得るのだ、とモディは発想したのです。それは結果として、海外から投資を呼び込み、経済の再拡大を導くものでもあるのです。

モディは、予算の単年執行を複年制にしました。この予算が二〇二〇年を照準にしていることはすでに述べました。一五年度中に実現できるものとは到底おもえません。この予算に込められたモディの企図は、自らの政権担当が長期、少なくとも五年以上の未来を見据えているとみて間違いないでしょう。

就任後、ただちに周辺諸国を巡り、次いでＡＩＩＢやＢＲＩＣｓ銀行の設立に参画したのも、エネルギー問題、構造的な貧富格差解消への挑みが意図されていたことを知ることができます。

たとえばブータンに発電所建設を支援し、水力電力の供給を受けるというような、ヒマラヤ山麓東北部の異常な格差への配慮が潜んでいたのです。ヒマラヤ山麓地域は、インドにとって歴史的で、しかも解決不能ともおもわれる貧困地帯なのです。

GST法案は成立しませんでしたが、破産倒産法という法案は成立しました。経済界にとっては、前進する可能性を与えられました。

インド経済は一九九〇年代前期まで、社会民主主義的色彩を色濃く残していました。基幹産業、事業体の多くは公営で、しかも不採算事業、倒産企業もごろごろしていました。法的な倒産処理には四、五年かかるというような状態で、実質的な倒産でも法的処理はせずに逃げ出してしまうということが多くありました。金融関係をはじめとする不良債権も滞貨して、処理能力が働かないのです。中国でいう〝ゾンビ企業〟のような存在が、インドにもあるのです。

破産倒産法の成立によって、ゾンビ企業は速やかに清算され、新規企業の参入は促進され、経済界自体の新陳代謝が進むことになります。当然、外資企業の参画も促されることになります。

二〇一四年のGDP率（7・29％）は、わずかですが中国を抜いています。二〇一五年の実質成長率は通年で7・3％、一六年は7・7％と予測されています。中国は、両年とも6％台になっています。経済規模は、当然、世界二位の中国の足元ですが、インド経済人たちは、伍して戦いを進める気概を獲得したことでしょう。

4　日本とインド、その未来

二〇一三年一一月末、天皇皇后両陛下がインドを訪問しました。モディの前政権マンモーハン・シン国民会議派（コングレス）の時代でした。インド国民にとっては画期的な出来事でした。インド人は、すでに触れましたが高貴な血筋（ブルー・ブラッド）を尊びます。日本の象徴的元首が国賓として訪問したことは、画期的なことでした。この両陛下訪問から、インド人の日本への眼差しが変わったといえます。

二〇一五年一二月、安倍首相がモディ政権のもと、国賓として招かれました。インド連邦独立解放パレードの来賓でした。同年の一月にオバマ大統領が来賓した式典です。もちろん日本の首相としてはじめてのことであるばかりではなく、アメリカの大統領に次いだ、ということに大きな意味があるのです。

天皇の訪印から、日印関係は成熟に向かっていったのです。

天皇訪印の二〇一三年から一五年末までの二年間、日印は関係緊密化への行動を積み重ねました。モディ首相は、就任直後から日本訪問を日程化するように希望していました。すでに述べてきたように、近隣諸国への歴訪が詰まっていて、実現には一定の時間が必要でした。近隣諸国歴訪が、後の新予算に大きく関与していることは前項に記したとおりです。

2013年11月末、天皇皇后両陛下がインドを訪問。ムカジー大統領と娘のシャルミスタさんのお見送り　写真：毎日新聞社

実は、ナレンドラ・モディは首相就任以前、グジャラート州首班時代、二度、訪日しています。彼がおこなったグジャラート州の経済発展には、日本視察とビジネスマンたちとの交流が多大な貢献をしているのです。

一四年八月から九月にかけて、モディは日本を訪問しています。第二次安倍内閣発足時でした。このモディの訪日は、インドのメディアでも高く評価され、政権のあかるい行方を予感させるといわれたほどです。

二〇一五年、安倍、モディは相互に訪問し、外遊先でも会談しています。

日印は、将来をともにできる存在として、お互いを深く認識してきました。

⑴ 日本、そしてインド

二〇一六年三月中旬、日本でニュースが流れました。大ニュースといったトピックではなく、地道な観測記事でした。

すでに発足しているアジア・インフラ投資銀行(AIIB)の活発な活動を、日本はさまざまな角度から注視していました。日米は参加を見合わせ、イギリス、インドが参画するＡＩＩＢの動向は、目が離せないというのが実際なのです。注視せざるを得ないのです。

そんな隠された緊張状態に気になる観測が流れたのです。欧州復興開発銀行(EBRD)と[注4]ＡＩＩＢが協調関係を構築する、というのです。四月になると、世界銀行(WB)もＡＩＩＢと協調融資体制を組むと報じられました。総額一二億ドル規模の協調になるとのことです。

世界銀行、通称「世銀」は、すでに説明するまでもなく、第二次世界大戦後、国連の活動に同伴し国際通貨基金(IMF)とも連動しながら、戦後復興のために活動してきました。日本は、融資対象国として、敗戦日本の鉄道網の復興に多大な支援を受けてきました。新幹線の敷設まで、借入を続けました。その後、高度成長期に至って融資対象国から支援国になり、現在では、第一位のアメリカに次ぐ第二位の投資国になっています。

世銀が、ＡＩＩＢと協調するというのは、日本にとって重大なことです。中国に対する世界規模の注目と協業、とくに経済大国化した中国の実行力に対する欧州の反応は無視できるものではない

インド各州における日系企業拠点数

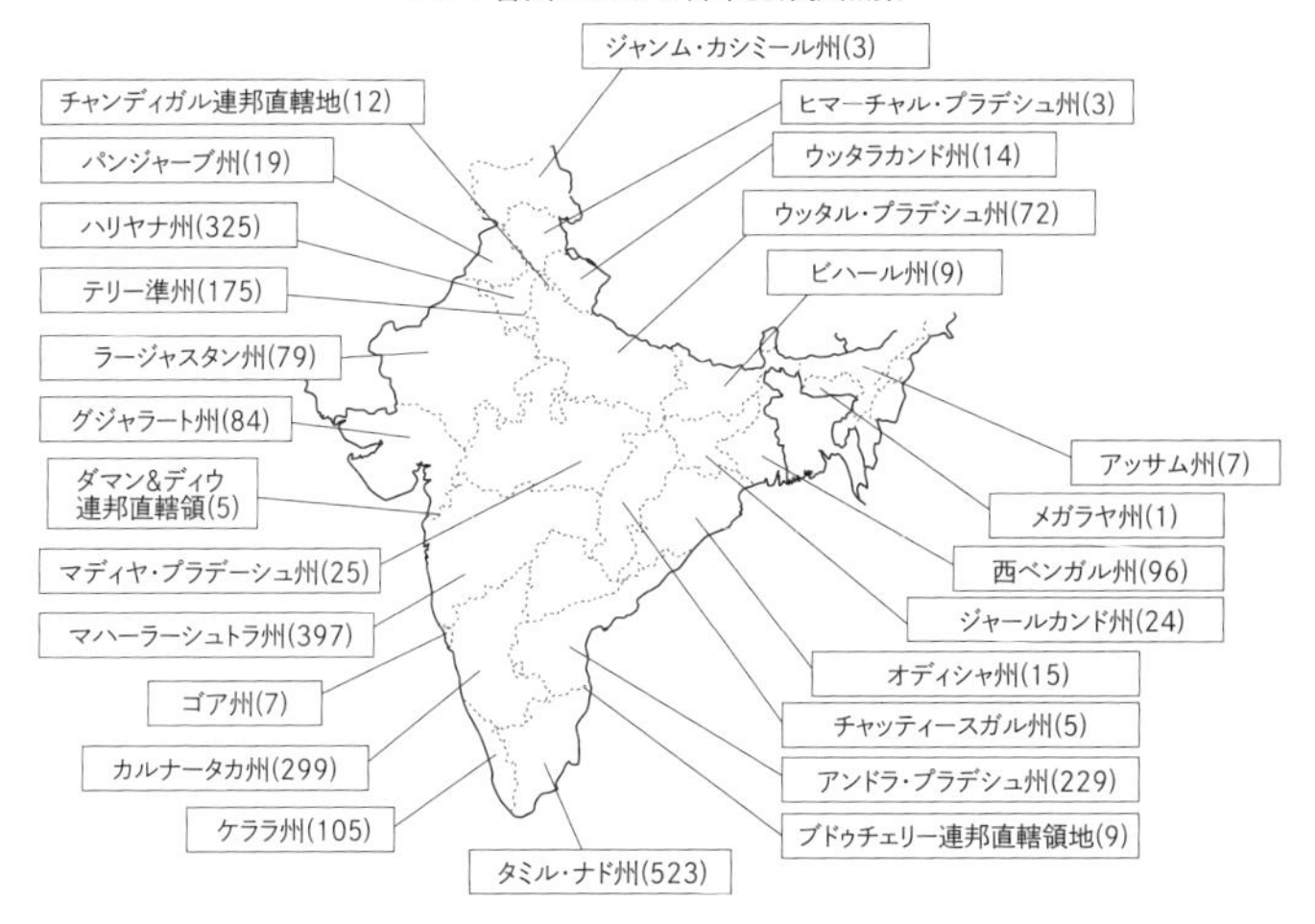

インド地域別企業拠点数一覧

地域　　　年度	2011	2012	2013	2014
デリー首都圏・北、東北インド	474	613	710	1251
東部インド	95	109	144	340
西部インド	265	365	523	1008
南部インド	588	713	1165	1362
合計	1422	1804	2542	3961
日系進出企業	812	926	1072	1209

① 企業拠点とは進出した日本企業の、支社、事務所、営業・サーヴィス店などを数値化したものである。複数の都市に設置されている場合もある。日本人常駐者がいない拠点も、当然ある。
② 地域については、表化された四地域には
デリー首都圏……ニューデリー
東部インド……古都コルカタ
西部インド……経済都市ムンバイ・経済特区グジャラート
南部インド……ＩＴ都市バンガロール・ベンガル湾岸チェンナイ
などの経済開発された都市と周辺地域が配されている。
③ 日系進出企業数は、日系資本、合弁、協業企業体を含んでいる。
④ 日系企業進出図は在日本大使館、ジェトロ作成。地域別企業拠点数一覧表は、ジェトロ作成の資料を参照し、著者が図表化した。

のです。日本は、いささか焦らざるを得ません。後れをとったという意識に苛まれないとはいえません。

しかし、冷静になってみれば、このような世界動向は、日本にとってチャンスでもあるのです。関与を絶ってきたＡＩＩＢが、あちらから転がってきた、ともいえるのです。

五月二日、アジア開発銀行（ＡＤＢ）の総会がフランクフルトで開かれました。総会は、ＡＩＩＢへの協調融資を決定しました。二一〇から三二〇億円の融資規模です。これで、ＡＩＩＢに参画しなかったツケは、解消されたといえます。日本が最大の投資国であるＡＤＢがＡＩＩＢの業務に大きく加担することになったのです。

ＡＤＢとＡＩＩＢは、総会後、パキスタン内陸部の高速道路建設への融資を合意しました。中国は、ペルシャ湾の港湾建設、発電所など、すでにパキスタンには開発援助をしています。中国にとっては、パキスタンのペルシャ湾岸は「真珠の首飾り」の環状にあり中央アジアへの導線上にあって、内陸部はいわゆるスタン諸国（カザフスタン、ウズベキスタンなど）に隣接した新シルクロードで一帯一路にあるのです。ＡＤＢを通したとはいえ、一帯一路の戦略上の重要地域の融資援助に、日本が関与するというのは画期的な出来事です。また、インドにとって、きわめて微妙な存在であるパキスタンに対しての中国の好意的かつ国際政治力を発揮する行動は、警戒を怠れないもののはずです。

五月中旬、中国の実業家たちがインド事業への参画に争って参入している、という報道がいくつか現れました。中国の経済停滞から逃れてインドに活路を求めるだろうことは、充分に予想できることです。

実は、印中関係について、いままで記すことができなかった〝秘密〟があります。二〇一五年五月、モディ首相は日本を訪問していますす。すでに述べてきた日印関係緊密化の過程でのモディの日本訪問です（238頁「4 日本とインド、その未来」）。

このとき、モディに随行する予定だったマハラシュトラ州の首班を、急遽、中国に派遣しました。モディの配慮なのか、中国側からの要請に従ったのか、判断のつかない行動でした。知られているように、マハラシュトラ州は、インド経済の中心ムンバイが州都です。インド最大の経済都市を統括する首長が、日本を土壇場でキャンセルして中国に赴いたというのは、なにかきな臭いのですが、なにが真の目的なのか、明確な判断がつかない行動でした。いえることは、中国経済界との関係強化が目指されている、ということでしょう。

⑵ インドを注視する諸国

インドは、八〇年代末期から全方位外交といわれてきました。特に、九〇年代からは、パキスタンなどの一部周辺国、それに中国を除いて、親米に則りながら全方位を貫いてきました。

モディ首相の就任後、全方位外交の様相が変わりました。〝モディの全方位〟とでもいうべき体制ができてきています（227頁「2(2) アジア・インフラ投資銀行に参加するインド」）。中国の直接投資、事業、金融などへの参画は印中双方にとって将来性を約束させる経済行為です。とはいいながら、インドは自ら求めたこととはいえ、国際的な試練に向かわせられているのも事実です。海外からの投資については、国内法でかなり厳しく規制を敷いています。同時に、速やかな足取りで緩和もおこなっています。

EUを離脱したイギリスは、その以前から積極的にインド進出を企ててきました。イギリスばかりではなく、フランス、ドイツまでも閉塞気味なEU経済に滞ることへの忌避感が存在していて、インドへの投資、企業進出は熱を帯びています。特に、フランス・パリ（一五年一一月）、ベルギー・ブリュッセル（一六年三月）と続いたテロリズムの後、東欧圏からばかりではなく、シリア、中東からの難民は大挙してEU諸国を目指したのです。このターゲットのいちばんは、経済環境の整ったドイツだったのです。やがてこの事態は、ドイツを政治的孤立に追いやってしまいました。

このような暗く淀むEUの既存企業は、新興国で唯一の成長軌道を保ち続けるインドへ向かうことでトンネルを抜けでるような感覚を得ているのです。

イギリスは、EU離脱を問う国民投票を行ないました。キャメロン前首相就任時に、いささか拙劣に決定されたイギリス国民投票の結果は、世界経済に大きな影響と波及を及ぼすことになりました。
五月二〇日、パリ発エジプト・カイロへ飛んだ定期便が地中海に墜落しました。テロの可能性が高いと伝えられています。四月にも、ほぼおなじ地中海を飛ぶロシア機がテロによって撃墜され、二〇〇人以上の乗員、乗客が犠牲になっています。イスラム国（IS）をはじめとするテロリズムの脅威は一向に治まりません。ヨーロッパは深刻なのです。

中国の過剰なインド参入は、例によって、いかにも中国的な〝ブーム〟に過ぎないのではないか、という見方もあります。

中国が日本と争って受注を獲得したインドネシアの高速鉄道敷設工事でしたが、三月、実施に至るまでもなく停滞していると報道されました。一帯一路は、実行段階で頓挫しているようです。五月中旬、インドネシアのジョコ大統領は、重要なインフラを速やかに進捗しなければならない、と日本に建設を依頼する意向を示してきました。

すでに述べてきた世銀をはじめ欧州開発銀行（EBRD）（291頁、注4）、アジア開発銀行（ADB）（290頁、注3）などとの協調融資路線は、中国AIIBの必然的な成りゆきともいえるのです。

日本は、インドネシアだけでなく、敷設工事の落札に敗れた対象国に、高速鉄道の運行システムを売るという方法に転じています。ハードである建設事業では、日本はコスト高で、落札に応じるのは容易ではありませんが、ソフトであるシステムでは優位に立っているのです。安全を売るというのは、日本の鉄道事業としては抜群のアイデアです。

一方では、東芝の子会社、アメリカのウェスティングハウスは、中国、インドを対象に、原発建設、高速鉄道の施設など十数か所を売り込んでいます。家電産業としての東芝は、本国日本では、社内スキャンダルによって存亡の危機にあります。また、東芝ウェスティングハウスは、過去、原発事業の採算では赤字化が進んでいて、どのように活路を見出すかが問われてもいる状態です。インドでの建設、そして中国との協働が成立することが、日本の重工業の将来を決することにもなるのです。

一六年五月二〇日、インドからのニュースが流れました。折からおこなわれていた地方選挙で、与党人民党の勝利が伝えられました。地域政党が強く、根強い会議派(コングレス)支持者の多いアッサム州で勝ったのです。西ベンガル、ケララ、タミール・ナドゥの各州と特別州ポンデチェリでも一定の勝利を得て代議員を獲得し、モディ政権の基盤の強化が約束されました。懸案である物品税(GST)の実施が見えてきました。

上院と官僚の厚い壁に挑んできたモディが政治力を存分に発揮するためには、なによりも選挙に勝つことなのです。各地方選挙を制してモディ政治の説得力を是認させることしか方法はないのです。(注5)

一六年六月、印米日による軍事演習がおこなわれています。日本は従来、オーストラリアを加えた環大洋演習に積極的に参加してきました。シンガポールを企画国とした環太平洋海軍演習です。しかし、オーストラリアの首班が親中国派に変わったために状況が変わりました。オーストラリアは親中国派と親米派が、ほぼ二年で、交互に政権を担当するという安定を欠いた政治情勢で、日印との関係も微妙な変動を余儀なくされています。一六年七月上旬にも、総選挙がおこなわれていま す。一〇日、与党保守党のターンブル首相が勝利宣言をしました。僅差でした。親中派と目されています。与野党拮抗していて、安定政権とはいえないようです。

しかし、インドが企画国となった日米とインドの三国ということになると、中国牽制という図式に陥ることになり、日米は中国の反応が気になるのです（276頁「4章6(3)防衛・軍事戦略」参照）。

実はインドは太平洋に関しては、それほど中国を意識していなかったのです。北部内陸の国境地帯はともかく、南沙諸島や尖閣列島に対して日米のような過敏さはありませんでした。当然です。とはいえ、「真珠の首飾り」のスリランカやペルシャ湾に対しての防衛意識は強く、海軍の増強は、過去十数年かなりの力を注いできています。

今回の海軍演習は、日本の沖縄東方、東シナ海で展開されました。恒例になっているアメリカとインドの軍事演習は、アラビア海、ベンガル湾、そしてインド洋に限られてきました。日本近海に舞台を設定したのは、インドにとってその軍略的立場を明確にするものでした。日米との緊密な関係の上に、自国の軍事戦略が成立しているということです。加えて、インドは、中国が設定する南沙、西沙での「九段線」、通称「赤い舌」ラインを認めるわけにはいかないのです（290頁、注1参照）。

インドにとっては、真珠の首飾りと赤い舌は、中国によるおなじような覇権主義的な行動なのです。すでに述べてきたように一五年以来、中国はアセアン諸国の信頼を喪失し、孤立への道を進んでいるようにうかがえます。

アメリカは、「航行の自由作戦」として東シナ、南沙海域にフリゲート艦を、たびたび巡洋させています。

インドは、親米を基本に日本とは準同盟国ともいえるような緊密関係を保ちつつ、そのバランスに生きています。

経済分野では、中国の投資、協業を仰ぎ、政治戦略では日米を機軸に平衡感覚を研ぎ澄ませながら、〝全方位〟の道を選んでいるのです。

経済分野では、積極的に中国を呼び込み、日本、アメリカ、ＥＵとも活発な活動を求めていくインドのしたたかさには、未来の危うさとともに「アジアの時代」の実相をみないわけにはいきません。オバマが提唱する「リバランス Rebalance」を自ずと実践しているといえます。かならずしもオバマの提唱に乗ったわけではありません。

中国、インド、そして日本は、容易ならぬ状況に自らを置いています。それが二〇一六年のアジアの現実です。

(3) 大地が欲する改革

ふたたび柳田國男に戻ってインドを考えてみましょう。日本の明治、大正期を対象とした論述でしたが、小市場、中市場、そして大市場というパラダイム、枠決めは、インドにぴったりと嵌(はま)ります(176頁「2 柳田國男の農政学と山下一仁の農協解体論」、190頁「5 あらためて注目される柳田國男」ほか)。

インドのどんな小さな地方都市に行っても、かならず露店がならんだ市場に出会います。デリーをはじめとする大都市でも、裏通りにはかならずあります。さまざまな日用品を商っています。そして人を寄せ付けるのはなんといっても、青物、野菜の店です。海岸線の街では、鮮魚、干物の店も人気です。まさしく地産地消、生産者、自らが売り、顧客は地域の消費者です。そして顧客である地域の人々は身土不二の思想に生きているのです(193頁「3章5(2)国家と身土不二」参照)。

ナレンドラ・モディの唱える政治は、こうした原初的(プリミティブ)で単純明快な社会の在り方に挑戦し、破壊してしまうものなのでしょうか。

ヒマラヤの山麓で収穫された白菜やキャベツ、果物が一〇時間の貨物新幹線で、南インドのIT都市バンガロールに届けられるなんて、インド人の想像力を刺激し、しかも実現可能なプランだと知れば、興奮を止められないでしょう。バンガロールにキャベツや白菜がないわけではありません。しかし、しんなりと柔らかいヒマラヤの土壌と気候が産む高原野菜は、世界的名産品になるでしょう。貧しいインド東北部の農民たちの未来に曙光が射すのが見えるようです。

ヒマラヤ山麓から南インドへの一方通行ということはありません。サーヴィス産業の中心地、東洋のシリコンヴァレーと呼ばれるバンガロールの周辺地域は、近年、開発が盛んで、自動車工場をはじめ家庭電器、その付属品などの生産拠点化が進んでいます。ベンガル湾に面し、バンガロールからまっすぐに東の緯度線上にあるタミール・ナドゥ州チェンナイ州都圏も同様に開発されています。南インドの生産能力が、新幹線に乗って、東北インドにもたらされるのは、インドの未来を約束します。

縦横に網羅される新幹線、貨物回廊（コリダー）の充実は、歴史上、分断されたかのようだった南と北、そして東と西を基幹施設化することになります。社会基盤（インフラストラクチャー）の最大の課題が、鉄道であることは日本の近代史を例にしても理解できます。鉄道に続いて高速道の拡充、流通機構、その制度の改革、発展……インドは未来課題を限りなく豊かに持っています。

最大の未来に向けての課題は、エネルギーです。インドで停電のない地方はありません。停電が、日程化されている社会など、現代世界でインドだけでしょう。たとえば、水曜日の午前一〇時から午後四時三〇分までというように、地域ごとに決まっているのです。学校、病院、工場、商店、あらゆる公共施設、企業は、停電を前提にして稼働時間を設定しています。

原子力発電の是非は論議されなければならない人類の課題です。化石燃料の有限性は理解しないわけにはいきません。それでもインドに電力エネルギーは必要です。太陽熱、風力、水力や潮汐など、あらゆるエコロジー分野にも働きかけています。しかし、原発は日本、アメリカ、フランス、ロシアなどが殺到して建設を競合しています。遠い将来、インドは設置した原発を自然エネルギーに変えていく構造改革を迫られることになるでしょう。そのとき、インドの電力事情はすでに変貌していて、一応の充足を得ているでしょう。その上で、原発への問い直しが起きてくるでしょう。それは、数十年先のことになるのです。日本は現代、ほとんどの、いや、ある時期はすべての原発の稼働をやめても、なんとかエネルギーを確保できています。そういう時節がインドにもくるはずです。

こうした未来課題を論ずることのできる国、地域が、いま、世界にあるでしょうか。実は、ないのです。EUや南北アメリカにさえ、発展を語ることを憚るばかりの情勢下にあります。北アメリカに、日本はあたらしい鉄道、新幹線を建設する契約をしたと報じられています。しかし、南アメリカ諸国、中東など、治安や政情に不安のある国に、新たなインフラを提起する余地はありません。イランが経済基盤を整えつつあると伝えられています。しかし、政治的、地政的課題が圧しかかっています。容易ではありません。

インドの要請は、インドの大地が望んでいます。それを許容する条件が、少なくとも、現代インド社会と政治にはあるのです。

青空市場、コンビニ、スーパーマーケット

一〇年ほど前までは、インド人は生まれた土地から四〇キロ圏内で生涯をまっとうするといわれていました。江戸っ子のわたしの祖母は、箱根山を越えると鬼がでるといって、東京から一歩もでることなく一生を終えました。明治初年に生まれた祖母は、昭和の半ば、まだ戦後という言葉が馴染んでいた時代に亡くなりました。比べてインド人の多くは、つい最近まで、そんな生き方を保っていました。いや、現代でも、地方ではそういう生活のかたちを守っている人びとは少なくないのです。

地元の旬（しゅん）で食卓をいっぱいにするのが喜びなのです。地産地消は、敢えてそうするまでもなく備わっていたのです。別に窮屈（きゅうくつ）でもなく、他所（よそ）を知らない無知を恥じていたりもしていませんでした。むしろ、誇りを持って、そうしていたのです。柳田のいう小市場で充分だったのです。季節の旬を楽しんで、台所は貧しくはないのです。豊富な産品に満ちていました。

実は日本にも「市」の時代はあったのです。律令体制化、平城京、平安京には政府公認の市場がありました。それが、現代では、石川県能登や地方の古都にほそぼそと残っているのみになりました。あたかも地方観光の目玉のような存在になっているのです。

二〇〇〇年代に入ると、インドの街にはスーパーマーケットが登場してきます。スーパーマーケットといっていますが、実は、小規模で日本でいうコンビニ、ニューヨークの下町などの「デリカ」と呼ぶにふさわしい店です。冷凍食品や缶詰め、瓶詰め、日用雑貨などが主力商品です。数年後には、大規模な本物のスーパーも出現しました。デリーやムンバイなどの大都市にはじまり、たちまちのうちにバンガロールや旧都コルカタなど、中都市、小都市にも現れました。欧州外資系やインド資本との合弁などが主です。

インドの消費経済は劇的変貌を遂げるのではないかとおもわせました。ところが、裏通りの古い市街に入ると、露店は健在でした。特に土曜日や日曜日は、活況そのものです。

近隣の生産者たちが軒を並べるのです。といっても多くは農業労働者、土地を持たない、地主の命ずる労働に勤しむ人たちです。市場は、こうした人たちの庭先栽培、いわばアルバイトの所産が並んでいるのです。

インドの農業で、職業をアグリカルチャーに従事、と答える人たちは、農地にでて働く人たちではないのです。すでにダリトといわれる人びとについては記述してきました（181頁「3章3 非土地所有農業労働者「ダリト」」）。柳田も触れている（これも本書に述べてきました）いまは死語になった〝小作（ピーサント）Peasant〟と表現するのがもっとも当て嵌（は）まる人びとの余業が市場の露店なのです。彼らの野菜、果物は新鮮で、スーパーでは買えません。そして消費者は、露店を信頼しています。

信頼されている露店商売には、理由があるのです。地場の旬を土の匂いそのままに並べています。消費する側、顧客は、売り手がどういう人びとであるかを知悉（ちしつ）しています。地域共同体のどういう人びとかを知りつくしています。その上で需要と供給の場、市場（いちば）が成り立っているのです。どの地方にもいくつかの共同体が地域を構成しています。露店をだしているのが何処の誰なのか、消費する人びとは知り尽くしています。短い旬を愛でるためには必須の知識なのです。

いくつかの共同体のことを〝カースト〟と括ってしまう危険と〝でたらめさ〟については、すでに折にふれて記してきました。

インドの多様な言語は、四〇キロ離れると訛りや言葉そのものが違ってきます。社会生活は〝身土不二〟を守ることで成り立つ、と信じています。

仏教に語源を持つこの言葉は、現代日本では、地産地消と組み合わされています。インドのひとびとは、普段「身土不二」という表現をしません。というのは、生地で生産される収穫物で自らの生活を造る、それは生地の文化と人間が生産したものなのだから、という自然の営みなのです。特に地産地消、身土不二という言葉を使うまでもなく、生活に備わった〝生き方〟の表現なのです。

街の市場は、柳田のいう小市場です。柳田は、小市場からあふれた余剰を他地域に移出することが中市場を形成する、といっています。そして、組織的な経済活動として産物の輸出や交易取引が

市場の露店

成立することを大市場と規定しています。柳田は、大正時代の日本農業において、米までもが輸出の対象になるといっています。

経済発展が、中、大市場に傾き小市場を押しつぶしてしまった歴史を体験しているのが、日本だともいえるのです。肥大化した農協批判は、すでに述べてきました。

インドはどうなのでしょう。流通機構の改革、すなわちインフラストラクチャーの拡充が問われてきます。税制の改定も真近かに迫っています。しかし、インドの小市場、街の市場はなくならないでしょう。企むことなく地産地消、身土不二に生きるインド人にとって地域とその文化を捨象することはできないのです。善いか悪いかではなく、生きていく必然なのです。自らの存在、ひいては実存を規定しているといえるでしょう。

地域言語・文化にこだわり、独特な善悪の基準に生きる人びとの国を「〝インド〟という不可思議」と称賛する異邦人がたくさんいます。日本人のインド好きの多くも、わかりにくいインドを愛しているのです。しかし、ちょっと距離をおいて冷静になってみると、わがままで頑固で、自らをけして手放さないしたたかな相貌が現れます。それを解凍する道を、いかにも困難だけれど、見出し、挑んでみる時代になっているのではないでしょうか。

なぜなら、日本人とおなじように、止まることなく経済拡大し、たくさんの神さまを擁して、多様な価値観を双腕に抱えている人びとだからです。

たとえば〝観光〟でインドを旅行して、名所、旧跡ではないでしょうが、是非とも露天の市場を訪ねてみたらどうですか。きっと、なにか、いままでの経験にはない発見があるとおもいます。お勧めします。

5　インドの近未来

二一世紀の半ばには、インドは世界一の人口を擁し、経済規模は世界五位内に入る総生産量を誇る大国になるといわれています。

中国が、一人っ子政策の後遺症で、高齢化と人口減少を招くのに比べて、インドは自然な人口動向に任せていて、一四億に届くと予測されています。二〇一五年現在の経済規模は、日本の10％ほどですが、モディ首相が提唱し、実行する「メイク・イン・インディア（インドで、ものつくり）」が目指す二〇二〇年代には、アメリカ、中国に伍す存在に駆け上るだろうというのです。

二〇一六年四月中旬、九州・熊本県で大きな地震が発生しました。インド首相ナレンドラ・モディは地震発生の翌々日、見舞いの電話を、安倍首相に送ってきました。隣国の韓国、中国より早い対応でした。心遣いが響いて、一部の日本人には感動を与えたのです。

インドと日本は、首脳間と防衛関係者間にホットラインを設置しています。二〇一五年の首脳会議で合意されたのです。今回の見舞いの電話で、このホットラインが機能したのかどうかはわかりません。しかし、日印が戦略パートナーとして緊密な関係を育んでいることを知る挿話でした。すでに日印のいくつかのメディアでは、インド・アメリカの関係は同盟関係ともいえる緊密感があり、インド・日本の関係はアメリカとの関係を結び留める役割を果たしている、という趣旨の論を掲げています。日米、そしてインドは二〇一六年に至って、準同盟関係を構築したといえるのです。

インドの近未来を項目に従って展望してみると、どのような眺望が開けるでしょうか。

日本の政界では、五月のゴールデンウィークが外遊の最盛期で、与党、内閣の首脳たちは、懸案の外交課題に競って出向します。しかしインドでは、四月に新年度が開き、通常国会が終了する六月が、政治家たちの活発な活動期になっています。例年、おなじような動静になります。六月の活動をつぶさに観察すると、インドの現在と近未来を予測、発見することになるのです。

(1) 世界への姿勢・インドのいま

すでに述べてきたように、二〇一六年のインドは特別な意味をはらんだ時節です。

2016年6月　インドに関わる国際政治日程とモディ首相の行動

項	日程	事案	開催地	主催者(国)／参加者
1	3~6日	モディ首相、 カタール、アフガニスタン訪問	ドーハ カブール	両国首脳との会談
2	3~6日	アジア安全保障会議 通称シャングリラ	シンガポール	イギリス 国際戦略研究所
3	8日	モディ首相、アメリカ議会演説 内容：「航行の自由作戦の確保」 「経済連携の強化」	ワシントン	上下院議員
4	9日～	中国艦船、南沙、東シナ海、 接続海域、日本領海など、 たびたび航行	南沙諸島、 東シナ海、 トカラ列島	中国
5	10~17日	印米日、海軍合同演習 「マラバール作戦」	沖縄東方海域	インド
6	20､21日	原子力供給国グループ会議 NSG	韓国ソウル	韓国・48か国代表
7	23日	上海協力機構会議 SCO	ウズベキスタン タシュケント	中国、ロシア参加、 新加盟インド
8	25､26日	アジア・インフラ投資銀行 AIIB、 総会	北京	中国

成立二年目を迎えたナレンドラ・モディ政権の軌道を、その積極的な行動によってうかがうことができます。まさに、インドの未来が判然と映しだされてくるのです。

①表（上掲）の読み解き

〔1項〕ナレンドラ・モディ首相は、すでに述べたように就任後、ただちに周辺諸国への訪問を精力的におこないました。訪問国は南アジア協力機構(SAARC)に加盟している国々です。しかし、中東、北アフリカなどの紛争当事国、あるいは準当事国への訪問はおこなわれませんでした。カタール、アフガニスタンは、SAARC加盟国のもうひとつ遠隔の輪に所在する国です。モディは、テロリズムの影響を被(こうむ)る

二国への訪問を敢行しました。

カタールでは原油産出国である同国とエネルギー問題の関係強化とテロリズム関連情報の交換を、アフガンでは復興のためのインフラ整備、ダム建設への支援などを約束しました。この二国にはインド人の共同体が存在し、将来の経済関係をゆるがせにできない地政地域であることはいうまでもありません。

〔2項〕「シャングリラ」は、理想郷と訳されイギリスの戦略研究所が主催する年次会議です。一六年度はシンガポールで開催され、参加国間の安全保障を討議する場として設定されました。特に、中国の南沙、西沙地域への進出を抑制するための議論が活発におこなわれました。インドは、モディ首相の意向を汲んだ防衛、外交の高官を派遣して、発言力を保持しました。

〔3項〕モディのアメリカ訪問であり、上下合同院での演説が最大のトピックでした。モディは、アメリカの軍事、外交における対中戦略を全面的に支持する趣旨のメッセージを提示しました。印米が準同盟国として緊密関係を樹立したことを宣言するものでもありました。

〔4項〕アメリカ国会でのモディ演説に対応するように、中国は南沙、西沙諸島域はもとより、日本の先島、沖縄地域に艦船を派遣し、一部は日本領海を侵しました。中国はロシアとの海上軍事演習を終えた直後でもあり、日米印の囲い込み戦略への激しい反発を表明しているといえます。

〔5項〕すでに記した印米日の海軍軍事演習「マラバール作戦」は、中国との緊張が高まるなかでおこなわれています。こうしてみると、インドが対中戦略を日米との緊密な関係のもとに推進していることが一目瞭然に理解できるのです。

〔6項、そして7項〕原子力供給国会議（NSG）（注6）が韓国、ソウルで開かれました。四八か国が参加しています。韓国は、北朝鮮の核脅威をもっとも卑近に抱えている国として、この会議を主催するにふさわしい資格を擁しています。

モディ首相はこの会議に参加していませんが、実は、伏線があって、ほぼ同時期に開催された**〔7項〕**の上海協力機構（SCO）には招かれていました。中国が組織しロシアが重要メンバーになっている上海協力機構（SCO）の新メンバーとして、同時に推挙されたパキスタンとともに招待されたのです。

上海協力機構（SCO）でのモディは、新加盟国の首脳としての待遇を受けています。それに乗じて、あろうことか主宰者である習近平中国主席にNSGへの加盟を直談判したのです。NSGは、一九七〇年代のインド、パキスタンの核実験に対応して、核拡散を抑制するためにできた機構です。時代を経たとはいえ、図々しくも自らの過去を省みずNSG加盟を要請するとは、と習近平はおもったことでしょう。結局、NSGへのインド加盟はソウルでの会議後、拒否されました。

インドの強引な加盟への働きかけは、現代インドの世界的地位の獲得に向けたモディの政治戦略の一環といえるのです。〇八年、インドはアメリカとの間には原子力協定を成立させています。中国とその友誼国（ゆうぎこく）、ロシアなどが承認をしていないのです。インドにとっては、けして理不尽な行動ではなかったのです。加盟拒否は、折り込み積みでもあったのですが、現代インドの立脚点を理解に導く試みだったのです。

〔8項〕 六月二五日、北京でＡＩＩＢの総会が開かれました。ＡＩＩＢによる融資や投資が具体化する重要な会議になりました。参加国も二五か国増えて八〇か国を超えることになりました。融資対象国は、パキスタン、インドネシア、タジキスタンの三国とバングラデシュです。バングラデシュだけがＡＩＩＢ独自の融資で、あとはＡＤＢなどとの協調融資です。

②ナレンドラ・モディの発信力

先の表は、首相ナレンドラ・モディの行動を中心にまとめたものですが、いかに精力的な活動をおこなってきたかが一目瞭然になります。

六月の初めにカタール、アフガンを訪問し**〔1項〕**、帰国することなく八日にはアメリカ本土に飛んで議会演説**〔3項〕**をおこなっています。演説では、アメリカ海軍の南沙、西沙、尖閣列島域での「自由航行作戦」を支持し、戦略に賛意を表しています。中国が、同地域で軍事作戦を展開し、日本の領海を侵す前日になります〔4項〕。ハイ・テンションです。敢えて緊張関係を呼び起こすかのような行動です。しかも翌日一〇日からは、印米日による「マラバール作戦」が実行されています〔5項〕。

〔6、7項〕は、一転して中国に接近しています。上海協力機構(SCOSSG)と原子力供給国グループへの加盟要請については、すでに述べました。中国に対する強気な硬軟ないまぜの対応は、ひとえにインドのアジアにおける大国意識の誇示、あるいは大国としての承認を突き付けているとみることができます。これを一概に虚勢というわけにはいかないようです。一連の政治行動には、モディの並ではない覚悟がうかがわれるからです。

二〇一六年六月二四日におこなわれたイギリスの国民投票の結果があきらかになり、世界は震撼しました。僅差の2%でしたが、EU離脱が決定したのです。欧州はもとより、中国、東南アジアなど、世界の金融市場は大きく変動しました。七月一〇日過ぎになって、ようやく各国の株市場は落ち着いてきました。しかし、ユーロ、ポンドは不安定な状況に変わりはありません。イギリスでは、離脱決定後、新内閣が組織されましたが、EUとの具体的な離脱交渉が決着するまでは不安定な状況が変わることはないでしょう。イギリス離脱後、EUの新体制が成立するまでは、インドを含めたアジアまで、影響を免れることはないのです。イギリスの新首相メイ女史は、一六年内にはEUへの正式な離脱通告はおこなわない、と表明しました。ということは、正式離脱が成立して新体制になるまでには、どうみても二年はかかるはずです。インドには喫緊、直接の影響はありませんでした。しかし、ボディブローは効いてくるはずです。

インドとしては、イギリスのEU離脱に対して、中国、ロシアがどのように対応するかも注視しなければなりません。特にロシアがどのように反応し、どのように振舞うかは、インドの世界戦略に影響を及ぼします。すでに述べてきたように、印露の関係はゆるがせにできないものだからです。イギリス離脱は、中国、ロシアにとっても、効きの遅いボディブローなのです。

一六年七月四日、モディは内閣改造をおこないました。在任二年を経て二度目の改造です。閣外閣僚を大幅に増員しました。一九人に及びました。

通常、閣外に閣僚級の人材を配する場合、優秀な官僚を登用して政治家の活動を補助し、行政への実行力を保証する体制をつくるのですが、モディの改造は、すこし違っていました。実行力を第一にしたのは従来通りですが、優秀なエリート官僚よりも、一般に低階層とされる人びとを多く登用して、内閣のイメージを一新したのです。地方政治からの人材を、多く登用しています。メディアは来るべき地方選挙に備えて地域政治への関係を重視した、と論評しています。

(2) 連鎖するテロリズム

二〇一六年、世界はテロリズムの脅威に曝されています。

詳細に観察していくと、いくつかの傾向を観てとることができます。

A．シリア、アフガン、イラクなど中東諸国に活動基盤を置くイスラム国（IS）、アルカイダ、ムジャヒディーンなどイスラム過激派組織による、ソフトターゲット（一般市民、旅行者、外国人）への殺戮行為が筆頭に挙げられます。

B．イスラム組織ではありますが、イスラム内部の宗派間紛争が招来するテロリズム。イスラム教の多数派であるスンニ派がシーア派を攻撃するといった例は、数知れなくあります。イラクは、イスラム教のなかではマイナー少数派のシーアが国全体では多数派で、イスラム国（IS）はスンニ派です。おなじイスラムでありながらＩＳにとっては、シーアであるイラクは攻撃対象なのです（六月三日、イラク・バグダット）。

C．国内政治に対する不満、不安などに対する行動がテロになっていく例が、この間、顕著になっています。アメリカでの一六年五月からの一連の事件は、やがて警官襲撃のテロになってしまいました（七月七日）。思想的、あるいは組織的活動からやや離れた、しかしソフトターゲットに対するテロリズムであることは変わりありません。

以上のように傾向が分類されます。項目化したA、B、Cは、複雑に絡みあって〝事件〟になっています。大きな原因として考えられるのは、シリアを拠点にするイスラム国が有志国連合の空爆を含めた攻撃によって拡散していることが挙げられます。ロシアも有志国連合に同調はしていませんが、イスラム国への攻撃を怠ってはいません。拠点を失い、四散したイスラム国は行動範囲を広げているのです。

これらの拡散し、再生産されたテロリズムは、あたかも無作為に蔓延してきています。南フランスのニース（七月一四日）やトルコ（六月七、二八日）、すでに記したアメリカなどでは、日常生活での不安や不満がテロリズムへと発展しています。ドイツで連続的に発生した、中東からの移民による殺戮事件（七月）も該当します。

秩序を失ったアトランダムなテロリズムは、世界のあらゆる都市に発生する可能性を秘めていて、安全を確信する治安対策は見出せない状態といえます。

一五年から一六年にかけてのフランス、ベルギーにはじまって、トルコ、アフリカ、アメリカ、アフリカ諸国、そしてバングラデシュ（ダッカ、七月一日）に及んで、ついにアジアに至ったのです。バングラデシュでは、日本人も対象になり七名が犠牲になりました。日本人に対しては組織的な攻撃はないと信じてきたので、ことのほか大きなショックを受けました。また、日本の大学で準教授として勤務経験のある人物が、実行犯を背後で支える情報活動をおこなっていたことがあきらかになりました。留学生として来日後、博士課程を修了し、日本女性と結婚、バングラと日本の二重国籍者だったのです。

　テロの事件内容のひとつひとつを詳細に語ることは、ここでは控えます。語らなければならないのは、インドの情勢です。

　何度か述べてきたように、ナレンドラ・モディ政権になって二年、インド国内ではテロリズム、特に一般市民を巻き込む事件はありませんでした。ソフトターゲットへの攻撃はなかったのです。

　しかし、背後では、精力的な治安活動がたゆみなくおこなわれてきました。

　二〇一六年六月三〇日、インドの各紙は、南インド、アンドラプラデッシュ州の州都であるハイデラバードで、テロ計画を持ったとおもわれる五名が逮捕されたと報じました。一五年のベルギー、ブリュッセル・テロで使われたものと同様の銃、火器、爆発物を所有していたと報道されていました。イスラム国（IS）の組織的支援グループとも伝えられました。

　この二年間、五〇人超の人物ならびにグループが拘束され、捜査の対象になっているのです。モディ政権はその良し悪しは別として、徹底的な治安維持対策を講じています。「予備検束」に近い強制捜査がおこなわれているのも事実といわなければなりません。

　バングラデシュ・ダッカでの実行犯たちは、事件の前、数ヶ月間、行方不明になっていました。あるメディアは、彼らはインドに滞在していたと報告しています。インド国内が、訓練場になっていたというのです。

また、七月一〇日過ぎには、南インド、アラビア海沿岸の教育都市マンガロールで、ひとりの若者が拘引（こういん）されました。すでに述べた、六月三日、イラクでの数百人が犠牲になったシーア派へのイスラム国（ＩＳ）によるテロに関わっていたという嫌疑です。彼は、使用停止になっていた携帯を使ってイスラム国（ＩＳ）のために働いていたというのです。この携帯番号は、在インド、イラク大使館からもたらされた情報に基づいているとの報道でした。

西北部カシミール、中国国境地帯、東北山岳地域などからインドへ流入するテロリスト勢力にとってはアフガン、シリア、パキスタンからの通り道であり、インドにとっては領土内での水際作戦は最重要な課題なのです。

6　インドの基本的立脚点

すでにみてきたように、二〇一六年をあらたな出発時点としているインド、ナレンドラ・モディ首相の政権は、すでに発進しています。

その立場、姿勢はどのようなものなのでしょうか。もう一度、検証してみることが必要です。というのは、ナレンドラ・モディが受け継いだインドには、課題が山積していました。それは改革の障害になることが多いものばかり、ともいえるのです。

一方では、政策の継続性を保たなければならない事項も多くあります。それも課題です。そうした問題意識を「外交」「経済」「防衛・軍事戦略」の項目に従って語り解(ほど)いてみます。

(1) 外交

すでにたびたび述べてきたように、首相ナレンドラ・モディは彼なりの全方位外交を進めています。モディ人民党以前の政権、特に会議派(コングレス)は、各国との協調路線を基盤にした全方位ではない、意図に満ちた外交方針を形成していました。モディは、親米を機軸に日本との緊密関係を確立し、オバマ大統領の提唱する「アジアの時代」に応えつつ、外交上のインドの立場を強固に、しかも尊重される発言力を確保しています。

一六年五月下旬、任期が一年を切ったオバマ大統領は、日本での主要国首脳会議(G7)で被爆地・広島を訪ねました。彼の就任直後からの主張である核廃絶を訴える最後の機会でもありました。その後、六月にはナレンドラ・モディとの会談を設定しました。オバマのインド重視姿勢は変わりませんでした。キューバで成功したようなオバマ・レガシー(遺産)がインドを舞台に用意されているのでしょうか。一年足らずになったオバマ時代に、モディのインドはゆるぎない印米戦略体制を樹立してしまおうと意図しているようです。たとえアメリカ大統領が変わっても、変えられない条件を持った緊密関係を打ち立てようとしています。未来へのレガシーです。

モディが近隣諸国を、常に念頭に置いていることは、述べてきました。隣国パキスタンに対してはともかく、中国、ネパール、ブータン、スリランカ、そしてベトナムなどには、かなり力の入った対応をしてきました。しかし、イランとは経済的友好関係を結ぶ一方で、アフガニスタン、シリア、イラクなど、いわゆる紛争国には一定の距離を置いて、踏み込むことをしないできました。イスラム国（IS）、タリバン、アルカイダ系テロ組織には、触れることもなく、過去二年が経過しています。すでに記してきたように、過去二年、世界はテロの脅威に曝されています。毎日のように発生しているテロリズムが、モディのインドには起こらなかったのです（264頁「5(2)連鎖するテロリズム」）。

モディは、将来、未来にわたって中東、アラブ諸国との距離感を維持することを望んでいます。ヒンドゥ教徒であることを明確にしているモディは、実は、もともとイスラム共同体が苦手なのです（129頁「2章2(4)モディ出陣、グジャラート州首班に」、132頁、囲み記事「アヨーディア事件」）。ヒンドゥと融和し、社会と調和するインド国内のムスリムが、国外勢力から干渉され、連関することを徹底的に防御するでしょう。ヒンドゥとの間にいささかの小競り合いはあっても、基本的にはムスリムと調和のとれた社会を望んでいるのみなのです。

シリア難民には、インド人コミュニティも存在しています。モディは、難民問題には冷淡ともいえる対応に終始しています。シリア問題には、ロシアの存在があって、インドとの歴史的な関係を容易に解消することはできない事情があります。モディ自身にとっては、ロシア・インドの歴史に関わる外交的政治指針が強くあるわけではありません。しかし、独立以来、ロシアは友好国であり、無闇に無視できないのです。

独立解放後のインドは社会民主主義的な政治姿勢を貫いてきました。社会主義に近い体制といってよいでしょう。ソヴィエト・ロシアを規範に、「五か年計画経済」を推進してきたのです。現代に至っても、空洞化されつつ「計画」は残っています。

ロシアが提唱する「ユーラシア経済大構想」[注7]、旧ソヴィエト連邦のウクライナ、東欧諸国をまとめるロシアの同盟国強化策にも、一定の理解を示さざるをえない立場なのです。ロシアとの外交的な関係も、将来、強まることはあっても緩むことはないのです。モディにとってロシアは、均衡を保ちつつ、親日米関係を阻害しない道を選び続けていくことになるのです。ロシアと中国は、実は、対アメリカという大きな目的意識のもとで蜜月関係が成り立っているとみられています。しかし、「一帯一路、AIIB」、そして「ユーラシア大構想」は、複雑に交錯しているのです。隠された利害の対立は、いつ表面化するか、わかりません。かならずしも〝蜜月〟ではないのです。インドの立場は微妙です。平均台を歩くような細道といえます。

《外交戦略の未来》

A．基軸は日米にあり、準同盟国ともいうべき緊密関係を確立している。それを背景に外交戦略を推進していく。

B．対中国、対ロシア関係の在り方は、常にインドの外交戦略の底部にある。中国と国境を接する北部インドへの警備体制は怠らず、しかも中国が提唱する一帯一路を前提にＡＩＩＢ、ＳＣＯ（上海協力機構）に加盟しながら、ロシアのユーラシア経済大構想にも一定の発言力を確保していく。インドによる再均衡政策（リバランス）を目指す。

C．パキスタン、イラン、スリランカなどの近隣諸国との関係緊密化をはかっていく。それは南アジア、亜大陸の大国としての立場を確立し、常にその意識化のもとに外交戦略を構築する。

(2) 経済

特にヨーロッパ、フランス、ベルギーのテロ以降、欧米の経済環境は、下降し低迷しています。中国の経済も、容易には停滞から脱却することはないでしょう。しかし、インドは未来へのあかるみを湛（たた）えています。すでに記したように一六年のＧＤＰ成長率は、７・５％が予測されています。中国は、６％台です。モディの支持団体である人民党、ならびにＲＳＳ（90頁、囲み記事「インド人民党と支援組織」）は、８％以上の成長率を要求しています。ヒンドゥ団体によるモディへの突き上げは、まるで贔屓の引き倒しのように映りますが、ヒンドゥ系の企業家、経済人には、経済再活性への自信があるのです。経済環境の規制緩和を、一層進め、海外投資の呼び込みを推進するように要求しているのです。また、多くの州政府の反対で進捗していないサーヴィス・物品税（GST）の批准を速やかにおこなえ、という圧力でもあります。

なによりも「メイク・イン・インディア」という一〇年先を見据えた経済指針を打ち出したモディ政権に、インド経済人は経済構造の改革を期待しているのです（231頁「３(1) モディが秘める長期ビジョン」）。

インドが変わる。ＩＴサーヴィスで世界に跳躍したインドは、実体経済である製造業を主眼とした体制へ変わっていく、……これがインド経済人とナレンドラ・モディが描く、現実に即した〝夢〟なのです。

一六年五月下旬、日本の伊勢志摩で主要七か国首脳会議（G7）が開かれました。アメリカ、ドイツ、イギリス、フランス、カナダ、イタリア、それにＥＵ大統領、委員長が参加しました。主催議長の安倍首相は「世界経済は下降、停滞し、〇八年のリーマンショック前夜のような情勢にある」と発言して欧米首脳を驚かせました。あたかも、六月下旬におこなわれたイギリスの国民投票でＥＵ離脱が決定したことを先取りしたような発言になりました。

安倍首相の真意は、ひとえに「日本をはじめとする各国の景気回復には、国による財政出動が必要だ。ぜひ、賛同してほしい」という趣旨に尽きています。景気回復のテコ入れには、各国の公共投資や金融措置が必要だ、というわけなのです。国自身の金で、経済回復のための投資をしようということです。ドイツやイギリスは消極的で冷淡でした。アメリカをはじめ、EU諸国は、規制緩和などで切り抜けられるはずだというのです。

いずれにしても、日本、欧米の経済停滞を背景にしていることは事実です。このサミットにはロシアと中国は参加していません。中国やロシアが参加していたら、議論は違うかたちで活発化したのかも知れません。中露、どちらの国も景気減速を味わっていて、しかも、アメリカ、EUに対しては発言しなければならない立場にあるからです。G7では、結局、難民問題などを含めた現下の情勢には〝財政戦略〟が必要だという論理を編みだして、ドイツも賛意を表明、議長安倍首相の主張は面目を保ちました。

インドは、このサミットに参入する資格も意図もありません。しかし、オバマのアジア重視政策の中心にあり、EU諸国もインドの存在を念頭から外しているはずがありません。イギリスやドイツは、規制緩和と海外投資への積極化、すなわちインドとの経済活動の拡大を背後に背負ってのG7なのです。EUからの代表者も、そこに焦点のひとつを定めての出席であるのに違いありません。すでに触れたようにオバマは、直後の六月にモディとの首脳会談を設定していました。

インドにとって、Ｇ７の議論はけして無縁なものではありませんでした。外資の規制緩和を進めることで、すでに述べたように、急激な中国、ＥＵ諸国の参入を受け入れることになっているのが現状です。諸国は、新興国、特にＢＲＩＣｓの経済停滞を尻目に、インドだけが再活性を遂げている現実に敏感に反応しているのです。オバマの提唱した「アジアの時代」の照準は、いまやインド、といっていいでしょう。

だからといって、インドは手放しでいるわけにはいきません。はたして、それだけの攻勢を受けとめることができるのでしょうか。諸国の参入を捌（さば）き、受容する能力、力がインドにあるのか、問われることになるのです。付言すれば、六月二四日、イギリスは国民投票によってＥＵからの離脱を選択しました。イギリスが、ますます対インドへの攻勢を仕掛けてくることは自明のことです。

現在、ＧＤＰ18％の生産業を、サーヴィス関連、あるいは農業の30％まで高めるには、相当の課題があります。生産技術の習熟に挑み、勤しむ労働者が必要です。余剰の人口は存在しますが、一億人以上の人材が必要です。モディが、インド独立七五周年までの目標に「一億人の雇用拡大」を唱えているのは、政権の人気とり策ではないのです。農家の次、三男が生産現場の従事者になるためには、一定の教育が要請されます。基礎的な素地、基盤つくりが急務になります。

インドの経済分野での近未来は、あかるいと同時に課題も抱えているのです。経済拡大と成長は、いずれにしても約束されています。その均衡のとれた展開のためにある課題こそ、日本が参画するべき局面です。技術開発、職業教育、企業組織（会社）の拡充などです。

《経済戦略の近未来》

A．ITサーヴィス産業経済から製造実体経済への転換、すなわち経済構造の革新を強力に推進する。

B．挑むのは国内経済体制の充実の一点に絞られている。人材資源の開発、職業技術教育の拡充、雇用、所得、個人消費の拡大と税制改革を推進する。

C．外資の受容促進と規制緩和の大胆な推進によって経済規模、総生産量（GDP）の拡大に邁進する。広大な領土は未開発地域を擁していて、あるべき労働人口は目覚めを待っている。規制改革による外資導入、そして国際化（FTAなどの交易経済の進展）が開発と経済活性を約束している。

(3) 防衛・軍事戦略

インドは、過去一〇年近く、毎年、防衛予算を10%超、計上してきています。中国のパーセンテージと比肩しています。また、世界一の武器輸入国でもあるのです。アメリカをはじめ、ロシア、フランス、イスラエル、日本などの各国から兵器調達をしています。二〇一六年、インド製武器輸出も視野に入ってきています。

インドの防衛戦略は深刻なのです。いつの時代も、常に緊張感を以て軍備体制を整えてきています。

インド亜大陸の西北部、ラジャスタン州はパキスタンに隣接しています。一五〇〇キロ超の国境線です。北部はカシミールで、いわゆる印パ停戦ラインをまたいで国境になっています。過去、数度の緊張時にはインド陸戦隊が張り付きました。当然、陸軍、空軍は日ごろから警備体制を維持しています。印パは、停戦状態にあるだけで、戦時下なのです。

インド北部は、中国と国境を接しています。すでに述べたように中国とインドは、理解を越えた緊張関係を保っています（148頁「2章3(2)中国、アメリカ、外せぬ緊張感」）。インドと中国は、一九六〇年代以降、いまもって戦時体制なのです。

インドがもっとも警戒するのは、中国、パキスタンの国境を越えて流入してくるテロリスト、反インド勢力です。ヒマラヤに連なる山岳地帯は、空軍の哨戒（しょうかい）活動とともに予断を許さない地域です。すでに、たびたび述べてきたように過去二年、ナレンドラ・モディ政権になってからは大きな事件は起きていません。インドの歴史でも、奇跡的なことです（264頁「5(2)連鎖するテロリズム」）。

インドは、三方を海に囲まれています。西はペルシャ湾を擁するアラビア海、南はインド洋、東はベンガル湾に面しています。

このこともすでにたびたび述べてきたように、中国は「真珠の首飾り」と称してインド洋からペルシャ湾に港湾の建設をしています。スリランカとパキスタンは、親中国戦略を進めてきました。インドにとっては脅威です。

亜大陸国境に展開する陸軍の体制に比べて、海に囲まれた半島インドの防衛体制は立ち遅れていました。装備、軍略ともに手薄でした。一九〇〇年代後半から二〇〇〇年代にかけて、インドは海軍力の充実に力を注いできました。日米豪印による環太平洋軍事演習にも積極的に参画してきました。中国は、すでに航空母艦を持っています。一隻は二〇一〇年代はじめに旧ソ連から譲られた艦を改修したもので、加えて新空母を建造中です。一五年末、二隻目の空母建造をあきらかにしています。インドは、敏感にならざるを得ないのです。

すでに述べたようにオーストラリア政権は、親中国派がたびたび中枢を占めています。親米、親中国政権が交互に、しかも二年程度に交替するような情勢です。

二〇一六年七月二日、オーストラリアは、総選挙をおこないました。かろうじて与党が勝利し、ターンブル首相が継続することになりました。親中国政権です。印米日は、距離感を保つことになります。

一六年四月、インドネシアの海事局が提案し、アセアン諸国連合の一〇か国に日本、アメリカが参加した大規模な海上軍事演習がおこなわれました。「コモド二〇一六」作戦と名付けられていました。日本からは大型護衛艦「いせ」が参加しています。

あきらかに中国を牽制し、囲い込む戦略です。インドネシアにとっては、西沙パラセル諸島、南沙スプラトリー群島に浸潤する中国の軍事戦略に対して、アセアン諸国とともに示す強い意志表明だったのです。

五月におこなわれた伊勢志摩サミットに続いて拡大会議が開かれ、スリランカ、バングラデシュ、ベトナム、アフリカのチャドなどが参集しました。主催国日本の安倍首相は、それぞれの国に対応しました。親中路線から脱却しつつあるスリランカのシリセナ新政権には、巡視艦艇の貸与を約束し、インフラストラクチャーのために三八〇億円の借款を約しました。バングラデシュのハシナ首相にはベンガル湾周辺開発の支援を、ベトナムには防衛協力のための九〇〇億円の借款を成約しました。いささかばらまき的な配分にもみえますが、実は、それぞれ内容があります。

伊勢志摩サミットの直前にベトナムを訪問したオバマ大統領は、ベトナム戦争後、長く護ってきた経済制裁を解いて、武器輸出の全面解禁をスァン・フック国家主席と協定しました。艦艇の貸与を含む南シナ海での防衛活動を支援することになったのです。一六年二月に発足したフック内閣による米越関係の歴史的な変化です。日本は、この変化に対応して対中戦略を共有する戦術を進めているのです。インドは、この二週間ほど前、ベトナムに衛星観測センターを設立する、と表明しています。軍事情報をアセアン諸国に知らせるための施設だとインド外務省は漏らしています。

アメリカは「航行の自由作戦」と称して、中国が開発する南沙スプラトリー、東シナ海尖閣列島の海域で艦船による航行を繰り返しています。中国が浸潤、開発する卑近距離を航行するのです。また、すでに触れたように六月には、印米日の海上演習がおこなわれています。

一六年六月の日米印の海軍演習は、「マラバール・二〇一六作戦」と命名されています。この作戦は、インドとアメリカが、毎年、おこなっている恒例のものです。「マラバール」とは、南インド、カルナータカ州、ケララ州のアラビア海沿岸を称する表現です。ムンバイ発のこの沿線を走る鉄道をマラバール特急などといい慣わしています。

インドが主催する演習「マラバール・二〇一六」は、アラビア海を遠く離れた東シナ海、日本沿岸で展開する作戦でした。アメリカ、日本、インド三国の海軍演習、しかもアラビア海沿岸、南インド地域を名称にした海軍演習が、日本の沖縄東方でおこなわれる意味は、さまざまな憶測を呼ばずにはおかなかったのです。もっとも敏感に反応したのは中国で、当然です。中国包囲の一環、あるいは牽制と捉えて反発してきました。

尖閣、東シナは日中二国間の固有の問題と認識されてきました。しかしいまや、南沙、西沙と拡大されて、アセアン、南アジア諸国にまで共有する問題意識になってきました。「真珠の首飾り」の当事国であるスリランカ、アメリカとの歴史的和解と経済協力を取り付けたベトナムなど、対中囲い込みは、過去の軍事戦略的な発想を越えた地点に登っているのです。中国は孤立への道を進んでいるとみることができます。

七月一二日、フィリピンが国連仲裁裁判所に提訴していた南沙海域の領有権問題への裁定が発表されました。フィリピンの提訴内容を全面的に認め、中国の主張は退けられました。中国が設定した九段線、通称「赤い舌」領域は、中国が主張する歴史的な根拠さえも否定されました。

判決は、周辺国ばかりではなくアメリカ、日本、ＥＵ諸国からも賛意を以て迎えられました。中国の孤立はますます深くなってきています。

当事国であるフィリピンをはじめとするアセアン諸国、日本、アメリカなどがどのような未来展望を開くのか、世界は注視しています。中国がどのような対応に動くか、緊張は高まるでしょう。沈静化の道筋はまったく見えていないのが現状です。

《防衛・軍事戦略の近未来》

Ａ．アメリカ、日本との準軍事同盟的立場を維持する。南沙、西沙、東シナ海問題を両国と共有していく。海軍力の増強政策を怠ることはなく、東南西シナ海への軍略表現力を強固に養っていく。

Ｂ．国境を接する中国に対する緊張は常に保っていかなければならない。上海協力機構（SCO）、一帯一路、アジア・インフラ銀行（AIIB）には積極的参加をしながら軍事戦略を怠ることなく推進していく。

C．インドは中近東諸国、シリア、アフガン、イラクそしてパキスタンなどからの流入テロリズムの通過地である。国内治安警備には特別の厳しさを以て対応している。この体制が緩むと、国内でのテロを止めることができない。周辺国との情報交換の緻密化、武力配備の優位性を保っていく必然がある。

7 したたかな戦略

インドは、自国の安全と防衛には、きわめて敏捷で力強い対応力を発揮しています。

忘れてならないのは、インドは核保有国です。一九七〇年代に、すでに核開発しています。中国が核実験をおこなったのに対抗したのです。その後、パキスタンが追従し、以後はパキスタンとの競合がインド核開発にとっての歴史になった、ともいえます。

原水爆の地上、あるいは地下実験は、一九九八年、五回目の実験以降、自粛し停止しています。パキスタンもインドのモラトリアムに従っています。しかし、核搭載可能なミサイルの実験は、むしろ活発に定期化しています。核不拡散条約（NPT）、包括的核実験禁止条約（CTBT）のどちらにも加盟していません。オバマ大統領が就任後、国連演説で、名指ししてインドにNPT参加を呼びかけたのですが、すげなく断っています。

にもかかわらず、すでに述べてきたように、上海協力機構(SCO)に新規参加国として招かれた際、原子力供給国グループ会議(NSG)への参加を中国の習近平に直訴しています(259頁、表「二〇一六年六月インドに関わる国際政治日程とモディ首相の行動」参照)。

二〇一六年の現在、インドはしかし、友好国である日本、アメリカ、そしてアセアン諸国の動向を注視しながら、怠りなく外交、経済、防衛活動に勤しんでいます。

すでに観察してきたようにインドのやり方は合理的で、いい方を変えれば功利的とさえいえます。無駄がありません。特に、モディ政権の方法論は、鮮やかとさえいえるのです。

当初は、アメリカの真意を疑い、首脳オバマとの会見でも打ち解けず、食卓に座るどころかお茶も飲まず、水だけに終始しました。人見知りの田舎者のようでした。しかし、実は周到な作戦だったのです。その後、交流が進むうちに、おたがいの真意を理解し、氷塊すると空港に出迎えてハグするまでになりました。自分を充分に理解させるまでは気を緩めないのです。僻(ひが)んでいるわけでも、自分を高く売りつけようとしているわけでもなく、正当な交際を求めましょうというメッセージだったのです。いまや相互の信頼は揺るがないものになっています。

ナレンドラ・モディという宰相には、もうひとつの貌があります。前述しましたが、彼は、一四年に政権を奪取した後、内閣にあらたな〝省〟を設けました。通称「ヨガ省」です。インド・ヒンドゥの精神を振興するための活動をするのだといっています。彼の意図は、インド国内の宗教コミュニティを主導するのはヒンドゥだという色彩を鮮明にすることでした。だからといって、ムスリムやクリスチャンを排除し差別しようというのではありません。インドの複雑な宗教共同体が、お互い、うまくやっていって欲しい、そして民俗的な未分化な宗教を「ヒンドゥ教」として意識化して欲しい、という政治的な提起なのです。ヒンドゥ哲学をインド思想の根幹に据える、などというブラーマニズムを奨励したわけではないのです。彼の出自は、最上階とされるブラーミンではないし、彼の出身地グジャラートの風土もブラーミンが過度な権力を発揮する地域性ではありません（107頁「2章2 ナレンドラ・モディの歩いた道」）。

すでに述べてきたように、彼の政治手法は、合理的で功利主義に傾いて無駄を好みません。ヒンドゥイズムを根幹においていることとは、相容れないのではないか、二律背反（ダブルスタンダード）ではないか、と疑いを持ってしまいます。

実は、ナレンドラ・モディを語ってきましたが、インド全般にこうした思考が蔓延しているのです。これがインドといっても過言ではないのです。インドが、異文化であることの実態は、ここにあるといえるのです。

ひとことでいえば、数百年に及ぶ植民地時代を経てきたインド人に備わった思考。合理的で功利性をすばしこく身につけていないと生き延びてこられなかった。イギリス仕込みで机に座る官僚たちは、感性で語る人びとのことばを、冗長で無駄なこと、として耳を傾けてくれなかったのです。インドは、ふたつの思考をひとつにまとめることに心を砕いてきたのです。平和を求める強い意志が、核兵器を持つ発言力の確保に繋がるのです。

インドと日本を語り継いできました。柳田國男の農政論が、インドにとって異質ではないことを説きました。しかし、ふたつをひとつにまとめようとするインド的思考は、日本人には異質です。やはり「異文化」の資質を持っているのです。

インド的異文化の前で、日本人は「竦み」ます。あるいは、哲学や音楽、絵画などに感動して一方的に溺れます。すでに述べてきたように、日本人であるという自己意識で対面すべきなのです（70頁「1章11 日系優良企業にカースト問題はない」）。日本人は〝和〟を尊び、仲良くやることを身上にしています。無闇と同化を求める必要はないのです。異文化だという認識を以て前に立つべきなのでいます。実は、相手にとって、特に独特な価値観に生きなければならないインド人には、迷惑なことも多いのです。自らを護り保持している相手のほうが気楽なのです。

日本人に提案したいのは、インド好きになるのは辞めましょう、ということです。祭礼、絵画、音楽、文学、いえ、インドの風景、人びととその営みの光景を無批判に好きになるのは、実は、インド人には迷惑なのです。しかし、愛想の良い彼らはいかにも素直に頷いて、趣味を共有してくれます。ちょっとした調子のいい〝頷(うなず)き〟でしかないのですが、正直者の日本人は誤解します。「理解しあえた」とおもうのは早計です。おっちょこちょいです。(注8)

8　相互に未来を託す

二〇一一年、ドイツで産業見本市が開かれ、大胆な提議がおこなわれました。

第四次産業革命がはじまったというのです。やがてドイツ官民一体となったプロジェクトは一三年、ハノーヴァーでの世界最大の見本市に結実しました。メルケル首相も訪れ、国家事業として承認されました。アメリカは、すでに企業段階で走りだしていました。日本の企業も。政府の深いとはいえない関心をよそにシステム化を探っていました。当然、インド、中国などが強い関心を寄せてきました。(注9)

第一次から三次までの産業革命史をつまびらかにするのは、ここでは避けますが、一七〇〇年代からの産業、「ものつくり」の近代史こそ人類社会の営みそのものなのだということができます。

一九七〇年代、工場は自動生産システムが進み、やがてITも重要な働きを示すようになりました。インドのITは、この頃、まだ端緒にもついていなかったのでした。

第四次産業革命は、ひとことで表現すれば「インターネット・オブ・シング（モノのインターネット）」そして「マシーン・トゥ・マシーン（機械から機械へ）」ということになります。ITシステムのスマート化、すなわち自動的ITシステム、ということなのです。生産の工程はもとより、素材、材料の調達、補填、その情報の把握まで、いわゆる兵站（へいたん）作業のすべては、組み込まれたITによっておこなわれる、ということになるのです。

課題がないわけではないのです。

①生産の流れを標準化するプログラムの設置が、稼働のための最初の仕事になります。
②その最初の仕事には、システムの確立（ITプログラムの組み込み）とその管理がおこなわれていかなければなりません。
③通信インフラの地域格差を解消し、地球規模で拡充していくことが急務になります。
④国家規模でのサイバー攻撃が、すでに話題になっています。国際間協定によるセキュリティ・システムの設定、安全の確保が不可欠になります。

二〇一四年に成立したナレンドラ・モディ政権は、「メイク・イン・インディア」を提唱して製造業の振興と発展を公約してきました。世界に冠たるIT大国インドは、方向を転換したのです。

インド経済の拡大成長はITサーヴィス業が支えてきました。九〇年代の後半期には、IT総生産率が60%近くになっていた時期もあります。「メイク・イン・インディア」はインドの産業構造を抜本的に改革することになります。

サーヴィス産業（IT）30%、農業生産30%、そして製造業が第四次革命によって30%になれば、均衡のとれた経済国家の相貌がみえてきます。

第四次革命の未来への杞憂は、労働人口の減少、人間の排除にあります。首相ナレンドラ・モディは、製造業ものつくりの推進で、一億人の雇用拡大を目指しています。世界一の人口になることを約束されたインドには、労働人口減少を心配することはありません。現在でも、一家族、といっても集合家族（ジョイント・ファミリー）なのですが、かならずニートを抱えています。モディは、一家族から一名の労働者の出現、あらたな雇用を唱えています。むしろ、職業技術教育の拡充が課題なのです。ITエリートよりも、中級の知的労働者が望まれているのです。

第四次革命には外資の参入が、より多く求められるでしょう。IT技術を持った工場労働者が求められるでしょう。中国は、経済停滞の脱出口としてインドに向かうでしょう。

インドは第四次産業革命を担うべき最高の有資格国です。ドイツで提唱、開発された〝革命〟はインドのためだった、とさえいえるのです。貪欲で経済飢餓にある中国は、飛びついてくるでしょう。日本は、冷静に、しかし熱を込めてこの状況に対応しなければなりません。日本こそ、親密関係にあるインドと同伴する最適な国であり、国民性を持っているのです。

日本の近未来は、インドの可能性を抜きにしては語れないのです。

オバマの提唱したアジアの時代、インドの重要性は、少しコースを変えて道筋を見出しています。日本は、外交的、政治的に緊密化を進展させてきました。やや閉塞している日本経済の未来を決定するパートナーは、インド以外にないのです。


長い語りかけを終えるときがきました。

著者は、インドという〝怪物〟のような巨大な塊(かたまり)の前に立って、竦(すく)んでいる日本の人びとに、挑みの勇気と闘いの道を示そうと、いささか性急だったり寄り道が迂遠(うえん)だったりしたことを反省しながら語り継いできました。

インド進出企業に携わる人びと、未来のインドにおもいを馳せる若者たちが、これまでのながあ〜い物語に関心を寄せ、手にとって、しかも読み通してもらえたら、幸甚この上ないことです。

この試みにあふれた本の編集に、身骨を砕いて、しかも並々ならぬ理解を示してくれた而立書房の倉田晃宏氏に、深い感謝をしています。背後に控えて見守ってくれた同書房の宮永捷氏の存在も忘れることはできません。

いつもながら、わたしの執筆を陰に陽に、側面から支えてくれた妻、美恵子に上梓の喜びを捧げます。

（注1）「真珠の首飾り」と称される中国によるアジア戦略の拠点つくりは、一九九〇年代の半ばから策定されてきた。南中国、南砂スプラトリー諸島、尖閣、スリランカ、ペルシャ湾岸パキスタンなどに、アジアを囲む拠点を戦略的に設置してきた。たとえば、ペルシャ湾岸パキスタンには、交易港と標榜しつつ、中国海軍の寄港地としての役割を持った予備軍港が二か所も設置されている。いつでも軍事拠点になる。スリランカにも二か所が建設されている。南沙には、よく知られているように埋め立て後、滑走路まで建設されている。

　二〇一六年七月一二日、国連海洋条約に基づく国際仲裁裁判所は、中国の主張を全面的に斥けた。フィリピンの提訴だった。判決は、中国のいう「九段線」「赤い舌」なる海上境界（管轄権）は歴史的にも成立しないと断じた。

（注2）二〇一三年九月、習近平は、カザフスタンでの講演で公式に「一帯一路」を呼びかけた。それまでにも、すでに触れたように首席就任直後からこの大構想はさまざまに発信されてきていた。

（注3）アジア開発銀行（ADB）は、一九九六年に設立され、本部はフィリピンの首都マニラ郊外にある。日本が最大の出資国であり（約38％）、歴代の総裁も日本人が務めてきた。もっとも重要な活動方針は、「アジア太平洋地域の貧困と闘うFighting poverty in Asia and the Pacific」と標語されており、四八か国が参加している。いくつか

の部門と分野があり、ここに示したのは開発銀行としての部局だけだ。しかし、参加国、基金率など、概ねは本文に記したとおりである。中国が提唱してきたＡＩＩＢとは近接しながら違った目的意識がある。また、中国は参加国であり基金国でもあるが、融資、支援もまた最大の借り入れ国になっている。

（注4）欧州復興開発銀行（ＥＢＲＤ）は、一九九一年設立された。一九八九年、ベルリンの壁の崩壊に伴って、中東、東欧州の市場経済への移行、ひいては民主主義体制の構築を企図して設立された。融資、出資、経済保証、プロジェクトの策定、執行などを目的にしている。東ヨーロッパ、中近東に広がった流動的な危機的状況に対して、経済的な支援、後援によって復興、開発を促進しようというものだ。二〇一〇年代に至っても、その意義は失われることはなく、重要性を保っている。日本は、一九九一年の設立当時から参画している。参加国は六〇か国、投資資金は二〇〇億ユーロで、日本は一七億ユーロ（8・5％）を拠出している。

（注5）インド国会は二院制である。下院は、代議員五四五名で、予算など議決権のほとんどを行使し行政と連結している。上院は大統領の指名一二名と六年任期の二三八名で構成されている。大統領の上院議員指名は、学識経験者、文化芸術の専門家などである。

選考は一般選挙ではなく、各州議会によって選任される。二年ごとに三分の一が改選される。解散はなく、一般選挙ではなく各州の議会が選任権を持っているため、国民の意志は間接化されているともいえて、新政権樹立が、ただちに上院の政治勢力に反映されることはない。

また、大統領は各州議会の推挙による。首相は代議員選挙による多数派が与党第一党として、おのずと選任し大統領の任命を受ける制度になっている。統一総選挙は、政変による解散以外は五年の任期でおこなわれ、国会議員を選挙している。

（注6）原子力供給グループ（NSG）は、一九七四年、インド核実験の後に設立された。原子力発電などの民生開発技術が核兵器製造に容易に転用されるという事実から設備などの輸出を制限するためだった。最初の会議は七五年、ロンドンで開催された。核拡散条約（NPT）を批准した国家が参加している。現在の加盟国は、四八か国に及んでいる。すでに述べてきたように、インドはNPT参加国ではなく、基本的な加盟条件を有していない。

（注7）旧ソヴィエト体制下の五か国で構成するユーラシア経済共同体を基礎に、二〇一六年六月、プーチン大統領は「大ユーラシア経済パートナーシップ」を提唱した。中国、インドの参加を仰ぎ、ヨーロッパ諸国への呼び掛けもおこなっている。プーチン大統領は、アメリカの経済戦略に対抗する意図を持っているのは自明だが、中国のＡＩＩＢの存在に啓発されているのは事実だ。中国の提唱する「一帯一路」に重層する組織体を意図している。すでに述べたようにインドとロシアとの関係は、一九四〇年代の独立解放運動以来の歴史的経緯があり無視できない。インドのリバランス志向は、ロシアを外して成り立たないのが現実である。

（注8）実は筆者である森尻純夫は、インド民俗や伝統文化の研究者だ。民俗文化に関する代表的な著書は『歌舞劇ヤクシャガーナ』（二〇一六年、而立書房）で、南インドアラビア海沿岸に伝播する民俗演劇の研究である。筆者は、インドの民俗、伝統を理解するのに現インドの政治、経済を知悉することが不可欠という強い信念に支えられて関わってきている。東京財団の研究員として一二年間、現代インドを報告し続けてきた。

（注9）二〇一六年七月一八日、ソフトバンクの孫正義氏は、ＣＰＵ中央演算処理装置を駆使する世界的企業アームの買収を発表した。三・三兆円のかつてない大型買収、Ｍ＆Ａが成立した。

　第四次産業革命とはどのようなものなのか。日本人にはまったく想像力の外だった。孫正義の「アーム」買収は、その答えを眼前に展開した。孫は「ＩｏＴは世界最大のパラダイムだ」と買収を称賛した。「モノのインターネット」は世界で最大の「枠組み」を形成する、といったのだ。企業のあたらしい世界観を表現するとともに、経済があたらしい価値を求めつつあることを伝えた、といえる。

［著者略歴］

森尻純夫（もりじり・すみお）

1941年東京生まれ。早稲田大学を中退後、73年早稲田どらま館を設立。2009年まで館長をつとめる。94年インド・カルナータカ州カンナダ大学客員教授に就任。96年より同州マンガロール大学客員教授に就任。2001年東京財団研究員に就任。現代インドの政治、経済、外交戦略、文化の情報を発信する。早稲田大学演劇博物館招聘研究員。

著書に『銀座カフェ・ド・ランブル物語──珈琲の文化史』（TBSブリタニカ）、『これからはインド、という時代』（日下公人と共著、ワック）『歌舞劇ヤクシャガーナ』（而立書房）など。

インド、大国化への道。　日本の未来を決めるのは、インド

2016年11月10日　第1刷発行

著　者　森尻純夫

発行所　有限会社 而立書房

東京都千代田区猿楽町2丁目4番2号

電話　03（3291）5589／FAX　03（3292）8782

URL　http://jiritsushobo.co.jp

印　刷　株式会社 スキルプリネット

製　本　壷屋製本 株式会社

落丁・乱丁本はおとりかえいたします。

Printed in Japan

ISBN 978-4-88059-397-5　C0031

森尻純夫

2016.3.5 刊
Ａ５判上製
272 頁口絵８頁
定価 2400 円

歌舞劇ヤクシャガーナ　南インドの劇空間、綺羅の呪力。

ISBN978-4-88059-392-0 C0039

"ヤクシャ（＝精霊）"と"ガーナ（＝メロディ）"をあわせて名付けられた、南インドの伝統芸能ヤクシャガーナ。知られざるその歌舞劇の歴史を、旅公演への同行を含むフィールドワークで解き開く。ヤクシャガーナの存在は驚異に値する!!

アミタヴ・ゴーシュ／井坂理穂 訳

2004.5.25 刊
四六判上製
440 頁
定価 2500 円

シャドウ・ラインズ　語られなかったインド

ISBN978-4-88059-314-2 C0097

カルカッタ／ロンドン／ダッカの三つの都市と三つの世代を引き裂き結びあわせる、かつて英国の植民地であったインドの中流階級一族の物語である。21 世紀英語文学の旗手ゴーシュが繊細に抽出したインド社会の深層が見える。

ラクシュミ・ラー、バドリ・ナラヤン 挿絵／谷口伊兵衛 訳

2013.6.25 刊
Ａ５判上製
312 頁口絵 15 頁
定価 5000 円

現代版 ラーマーヤナ物語

ISBN978-4-88059-369-2 C0097

古代インドの２大叙事詩の１つを現代語（英語）に翻案する。その物語性は読む人を魅了するだろう。同時に、ナラヤンの絵は想像力を増幅する。国際ブックデザイン賞「優秀賞」（ライプツィヒ、1989）を受賞した。

シャンタ・R・ラオ、バドリ・ナラヤン 挿絵／谷口伊兵衛 訳

2016.10.15 刊
Ａ５判上製
240 頁口絵 15 頁
定価 3000 円

現代版 マハーバーラタ物語

ISBN978-4-88059-395-1 C0097

人類最古の作品、最長の叙事詩「マハーバーラタ」。幾世紀にもわたりインドの逸話、ことわざ、警句の宝庫として知られてきた。老若男女、万人に対するメッセージを擁する書物を、物語として宿約した一冊。高校生以上対象。

前川國男

1996.10.1 刊
四六判上製
360 頁
定価 3000 円

建築の前夜　前川國男文集

ISBN978-4-88059-220-6 C1052

ル・コルビュジエに師事し、戦前戦後を通じて日本建築界に大きな足跡を残した建築家・前川國男が生涯追い求めた「近代建築」とは何だったのか。前川國男が五十余年にわたって語りかけてきた「言葉」は現在なお、新しく、鋭い。

三浦展

2016.4.10 刊
四六判並製
320 頁
定価 2000 円

人間の居る場所

ISBN978-4-88059-393-7 C0052

近代的な都市計画は、業務地と商業地と住宅地と工場地帯を四つに分けた。しかしこれからの時代に必要なのは、機能が混在し、多様な人々が集まり、有機的に結びつける環境ではないだろうか。豪華ゲスト陣とともに「まちづくり」を考える。